# 现代高等学校德育教育理论与实践研究

张晓丹　向覃　吴伟丽◎著

北京燕山出版社

BEIJING YANSHAN PRESS

**图书在版编目（CIP）数据**

现代高等学校德育教育理论与实践研究 / 张晓丹，
向覃，吴伟丽著. -- 北京 ：北京燕山出版社，2023.9
ISBN 978-7-5402-7040-7

Ⅰ．①现… Ⅱ．①张… ②向… ③吴… Ⅲ.①高等学
校－德育－教育研究 Ⅳ．①G641

中国国家版本馆 CIP 数据核字 (2023) 第 160051 号

## 现代高等学校德育教育理论与实践研究

| | |
|---|---|
| **作　者** | 张晓丹　向　覃　吴伟丽 |
| **责任编辑** | 李　涛 |
| **出版发行** | 北京燕山出版社有限公司 |
| **社　址** | 北京市西城区椿树街道琉璃厂西街20号 |
| **电　话** | 010–65240430 |
| **邮　编** | 100052 |
| **印　刷** | 北京四海锦诚印刷技术有限公司 |
| **开　本** | 787mm×1092mm　1/16 |
| **字　数** | 176千字 |
| **印　张** | 9.75 |
| **版　次** | 2023 年 9 月第 1 版 |
| **印　次** | 2023 年 9 月第 1 次印刷 |
| **定　价** | 72.00 元 |

# 作者简介

张晓丹，女，硕士研究生，副教授，大连工业大学服装学院党总支书记，大海海事大学马克思主义学院博士在读，国家二级心理咨询师，多年从事大学生思想政治教育、高校党建工作。主持或参与省级课题累计十余项，其中，作为主持人八项，公开发表论文十余篇。

向覃，男，土家族，硕士研究生，助教，1989 年 12 月出生于湖北省利川市。本科毕业于重庆三峡学院，专业英语（师范类），研究生毕业于云南师范大学，专业教育学原理。现为重庆幼儿师范高等专科学校儿童早期发展学院专职辅导员，主要研究方向为大学生管理和思想政治教育。

吴伟丽，女，博士，天津传媒学院讲师，优秀新闻工作者，优秀指导教师。作为指导教师多次指导学生先后获得天津市创青春创新创业大赛银奖；第四届"互联网+"大学生创新创业红色筑梦之旅赛道"互联网+文化+科技+瀑水溜冰小镇"获得天津赛区二等奖；第四届"互联网+"大学生创新创业大赛主赛道"E+校园生态平台"项目荣获天津赛区二等奖；第五届"互联网+"大学生创新创业大赛主赛道"智慧旅游时代，盘山景区纵向发展的解决方案"获得天津赛区三等奖；天津市公益广告大赛三等奖。发表多篇论文和多项课题。

# 前　言

　　当今世界是一个开放的世界，改革开放是我国新时期最鲜明的特点。当前，全球化、信息化和现代化等趋势使高等学校德育理论研究和实践发展不断面临新形势、新情况和新课题。当下，高等学校德育的价值导向既要符合社会发展的现实需要和个人人格成长的规律，同时也应以更加开放的视角去拓展德育未来的发展方向。尤其值得注意的是，经济转轨、社会结构转型，以及由此引发的思想文化领域的相互激荡已使得多元化成为现代社会的一种事实和价值存在。在多元化社会，包容多样和寻求共识的统一、主导与差异价值取向的共存是德育面临的新困境。

　　我国的高等学校，历来重视大学生的德育工作，坚持对大学生进行德智体美劳的全面教育，开展了大量卓有成效的工作，取得了丰硕的成果。高等学校要培养合格的大学生，就要牢固树立"育人为本、德育为先"的教育理念，不断创新工作模式、机制和方法，不断强化对大学生的社会主义、爱国主义、集体主义教育，让大学生牢固树立正确的世界观、人生观、价值观，强化学生的理想信念教育，坚定跟随中国共产党的领导，坚定信念，坚持全员育人，准确把握学生的思想状况，有针对性地制订思想政治教育计划，做到因材施教。本书从高等学校德育教育综述介绍入手，针对高等学校德育共同体、高等学校德育理念与管理创新进行了分析研究；另外对高等学校德育工作方法的创新及路径、高等学校德育教育引入传统文化的创新做了一定的介绍；还对"互联网＋"时代高等学校德育实践创新做了研究。

　　写作本书的过程中借鉴了许多前人的研究成果，在此向他们表示衷心的感谢！由于德育教育涉及的范畴比较广，需要探索的内容比较深，加之时间仓促，书中难免存在不足和疏漏之处，恳请前辈、同行及广大读者斧正。

# 目　录

# 第一章　高等学校德育教育综述

## 第一节　德育教育的基本理论

### 一、德育的基本功能

德育的功能指在一定社会历史条件下其所能发挥的作用和能力。原始社会的德育功能主要表现为劳动功能；阶级社会的德育功能则主要表现为政治功能；社会主义社会的德育功能除了政治功能外，还有一项重要功能，即经济功能。

#### （一）德育及其功能的含义

德育有狭义和广义之分。狭义的德育是指教育者对受教育者进行的道德品质教育。广义的德育是教育者对受教育者进行的政治教育、思想教育、道德品质教育、法制教育等涉及受教育者的政治、思想、品质教育的总和。

功能是指某一事物在环境中所能发挥的作用和能力，是事物的客观属性。德育的功能即德育在一定社会历史条件下所能发挥的作用和能力，是德育所具有的客观属性。从不同的角度看待德育的功能，很可能会得出不同的结论。如果从社会功能的角度探讨德育的基本功能，在谈论德育的特性时，经常会提到德育的职能、作用、价值等，有些人将其不加区别地混用，这样是不合适的。

"功能"是"物质系统所具有的作用、能力和功效"。"职能"是"人、事物、机构应有的作用、功能"。从内涵看，功能和职能有相同之处，都指事物的作用。但二者也有区别，"功能"所强调的是具有一定结构的系统的作用，而职能主要是指机构的职责和能力。把德育作为教育这个系统内的子系统，在谈到它的作用时，使用"功能"为宜；而把德育作为学校的职责，在谈到它的作用时，使用"职能"为妥。

"功能"是事物的客观属性，"作用"是"功能"的外在表现。"作用"是以"功能"为前提的，"功能"不明确，"作用"就难以发挥。同时，人们往往通过"作用"来考察"功能"。德育的作用是德育功能的表现，德育的功能要从历史和现实的德育的作用去挖掘。"价值"，从社会学的观点来理解，是指事物的相互关系，即一事物对其他事物的有用性。德育的价值是指德育在某一方面的作用，同样是以德育的功能为基础的，是德育对其他事物的作用，但不是"功能"本身。德育的价值在不同的方面表现不同，而德育的"功能"在一定社会历史条件下却是确定的。

### （二）社会主义社会德育的基本功能

#### 1. 保证经济建设沿着社会主义方向发展

我国的现代化是社会主义现代化，我们的物质文明建设是社会主义的物质文明建设。社会主义方向是我们必须坚持的方向，保证这个方向就是德育核心内容政治教育的重要功能。具体地说，政治教育使经济建设牢固地建立在社会主义经济制度基础之上；保证"各尽所能，按劳分配"原则得到正确的贯彻和执行；保证生产经营始终坚持为人民服务的正确方向。

#### 2. 培养受教育者适应经济发展需要的思想观念和价值取向

德育的经济功能还表现为，培养受教育者适应经济发展需要的思想观念、价值取向，提高受教育者的政治觉悟、思想水平和道德水准，为经济建设提供具有较高思想素质的劳动者。经济建设的主体是人，人只有具备多方面的素质才能满足经济建设的需要。德育的作用就是保证人才具备良好的政治、思想、道德素质，缺乏这些素质或素质不高的人难以适应经济发展。调查发现，近些年，大学毕业生在工作中表现不尽如人意，许多不是因为业务能力差，而是思想素质不过硬，思想素质不过硬在很大程度上妨碍了他们业务能力的提高。

#### 3. 调动人的生产积极性，调整人们的经济利益关系

德育经济功能的另一个表现，是调动人的生产积极性，调整人们的经济利益关系，创造和谐的人际关系，促进劳动生产率的提高。现代管理理论认为，影响劳动生产率的一个重要因素是人们的劳动积极性，而劳动积极性又往往是由人们的经济利益关系和人际关系决定的。如何帮助人们正确认识经济利益关系，创造和谐的人际关系，是思想政治教育的重要功能。除了物质利益外，人们还有精神生活的追求。人们对精神生活的追求不可能用物质的手段来解决，而只能借助精神的手段来解决，而德育是一种重要的精神手段。

## 二、德育目标的价值蕴涵

德育目标是教育目标在德育领域的具体化。它在本质上是德育价值的凝结状态，是其自身前提条件的整合统一，是德育活动中的价值枢纽。德育目标的层次间、域分间的辩证

联结，要求我们在认识和处理德育目标时必须注意协调过程目标与终极目标、首位目标与非首位目标的关系。

从教育的整个系统来看，德育目标是教育目标的一个重要组成部分，是教育目标在德育领域的具体化。所谓德育目标，就是指一定社会对教育所要造就的社会个体在品德方面的质量和规格的总的设想或规定，是在进行德育之前，人们对于要把受教育者培养成具有何种品德的人，在观念中所具有的某种预期的结果或理想形象。德育目标是从德育预期结果，也就是从受教育者所要形成的品德的角度来说明德育的作用和认识德育活动的价值的。因此，我们可以明确地说，德育目标就是对德育活动结果的具体要求，是对德育工作产品质与量的规定。这种认识在德育界是较有共识的。

### （一）德育目标本质

德育目标本质上是德育价值的凝结状态。将德育目标置于德育价值的视域中进行考察，并不是人为的牵强附会，而是德育目标自身的要求。所谓"目的"，就是主体根据自身客观规律和主体需要或内在尺度的认识而提出的并努力为之实践的未来客体的模型，或是观念中涉及的未来行为的理想结果。目标，是目的的具体化和规范化。目的的实现过程也就是价值的创造过程。目的牵引着价值创造及创造的方向，目标凝结着价值的理想状态。从这个意义上讲，对德育目标的考察必须联系德育价值问题，以实现德育目标本性的回归。相反，离开价值论来谈论德育目标，以通常所说的"社会"的"设想或规定"，或者直接将德育目标确定为对"培养学生的思想品质所做的规定"，往往易产生德育目标上的命令主义或权威主义的歧义。从历史的经验来看，这种担心不是没有根据的。德育目标离开价值论的根基，也易成为无根之萍，随社会风波或政治风向飘来飘去。

德育目标作为德育活动中德育价值的凝结，其规定性在根本上取决于自身的特点。也就是说，只有依据德育目标自身的本质特点，才能给出相对完善的界定。因为从德育价值论来看，德育目标无疑是观念中设计的未来德育行为的理想结果。然而，德育主体对德育规律和主体需要或内在尺度的认识，总是受到社会现实条件的限制，德育目标只能是一定社会现实背景下的德育价值理想的凝结。因而，要想深入探讨德育目标问题，就要进一步研究德育目标确定的前提性条件。

### （二）德育目标是其自身前提性条件的整合统一

德育目标的确定，并不是任由人们提出就能够保证其正确性、合理性的，而是必须依据其自身的前提性条件整合统一。这主要包括以下三个方面：

首先，必须坚持德育主体需要与德育规律的统一。德育目标即德育活动目的的表征。

目的是主观性的。正确、合理的目的是以对客观事物发展规律的正确认识为前提的。同样，确定正确、合理的德育目的，也是要以对德育规律的正确认识为前提的。这种对德育规律的认识，包含了对社会及人自身生存发展规律的认识。当然，这种认识是相对的，它总是要受到生产力与社会发展的制约。但只有在符合规律的基础上，德育主体对受教育者的改造才能得以完成。因此，制定正确的德育目标，必须坚持主观与客观相统一。反之，若违背德育规律与主体需要的统一，德育目标就只能是主观与客观相分离的一种空想。

其次，必须坚持超越性与现实性的统一。德育目标是对未来的设想，是理想地达到德育目的的标志性模型；德育目标又是对德育现实的一种扬弃，是对德育外在价值的一种超越。因此，德育目标具有未来指向性。如果德育目标无超越性与未来指向性，那它就失去了存在的价值和意义。同时，德育目标又有其现实根据，具有现实的可能性，是以一定历史条件下现实的主客观条件为基础的。德育目标如果失去了现实性，就会成为空中楼阁，就不可能实现，同样也会失去其价值和意义。

最后，必须坚持统一性与多样性的整合统一。在一定历史时期，一个国家、民族具有共同的利益需要，则具有共同的德育目标。但德育目标又有其多样性。其一，德育目标具有层次性，德育工作者要善于分解德育目标。其二，德育目标从横向看，又是多种类的。可以说有多少德育价值的种类就有多少种德育目标，包括政治性目标、思想性目标、道德性目标等。总之，德育目标是一个系统，是多层次、多域分、多方面的统一。多种德育目标互相联系、互相影响，因而相关人员要善于协调各层次、各种类目标并对其进行整合统一，注意各种德育目标的衔接与支撑，分清主次，辨清主流，使各种具体目标服从于整体目标的实现。

### （三）德育目标是德育活动的价值枢纽

德育目标价值枢纽的地位和作用，首先表现为德育目标规定德育活动全过程的价值趋向。德育目标的提出是德育活动的起点，即德育价值创造的起点。实现德育目标，又是德育活动和德育创造价值活动的终点。整个德育过程是在德育目标价值枢纽作用的观照下进行的，是以实现德育目标为导向来组织、协调和调整主体全部行动的。也就是说，德育主体的全部活动都服从和服务于德育目标。因此，正确、合理的德育目标是贯穿德育活动和实现德育价值的中心环节。

德育目标决定着德育活动的手段。目标决定手段，手段服从于目标。广义地说，手段是主体作用于客体的一切中介的总和，包括工具、方式、方法、措施等。随着社会文明和科技的发展，人们对德育规律的认识不断深化，因而德育目的、德育手段也在发生变化。在当前我国社会主义社会，我们的德育目标主要是培养社会主义公民，树立学生的主人翁意识，使学生成为中国特色社会主义的建设者和接班人。这就要求我们在德育教育过程中，德育手段要由灌输式向启发式、养成式过渡，德育工具也应偏向多样化。值得注意的是，在目的与手段的关系中，不仅前者决定后者，后者也制约着前者。目的的提出要以一定的手段为前提，因为手段是实现目的的必要条件和保证，没有一定手段的配置，目的就不能实现。在我国社会主义市场经济初步确立并逐步完善的背景下，如何建构并实施与社会主义德育目标相配套的手段，完成现代德育手段对传统德育手段的更新、改造，是当今德育工作的一项重要任务。

德育目标直接制约和影响着德育活动的价值归宿。德育目标是在活动之前（或者至少是在活动初期）提出来的。德育目标本身的规定性表明，全部德育活动都是为了实现它，德育主体据此调节自己的一切活动。因此，从总体来看，德育目标决定着德育活动的结果和价值归宿。当然，现实中的德育活动与活动结果的关系，并不是这么简单的决定与被决定的关系。从目标到结果的转化，是要通过一系列中介手段实现的。因此，德育结果事实上是由德育目标与中介手段的整合作用产生的。此外，外部环境和其他复杂因素，包括受教育者的自身状态、能动性等因素，对德育活动的结果也有重要影响。因此，在通常情况下，德育活动结果往往存在着对德育目标不同程度的偏离。这种偏离表现为动机与效果的矛盾，即效果对动机的偏离。一方面，存在着目标被实践所否定，不能实现全部目标的情况；另一方面，也存在着达到意想不到的良好结果的情况。在这两种情况下，主体都应从实际出发，通过反馈机制相应调节、调整自己的中介手段，其中包括对德育活动的工具、方式、方法、措施及德育目标的调整，直至最大限度地实现德育目标。德育自身也正是在这种偏差与调整中完善、发展的。因此，这种目标与实践的偏差又可以称为"合法的偏差"。德育目标正是在这种"合法的偏差"的推动下，寻找对德育规律和社会主体利益的契合，寻找自身对合规律性与合目的性的契合的。在"合法的偏差"下，正确的德育目标总是要成为决定德育活动结果的首要因素。

## （四）德育目标层次间、域分间的辩证联结

德育目标的层次、域分问题是德育研究领域中的一个复杂问题。一般来说，在德育目标确定和实施的过程中，教育者总是自觉或不自觉地依据受教育者的心理水平、接受能力和成长发育的生理特点及思想形成规律和社会历史条件，因材施教；而且，德育目标在阐释自身时，也要求德育目标具有层次性和域分性。所谓德育目标的"层次"，主要是指德育目标在德育活动过程中，按照受教育者的特点及相应的目标要求而形成的不同水平或者不同阶段的标准。所谓德育目标的"域分"，主要是指德育目标按其内容的不同所形成的领域标准，它是德育目标在不同领域的具体体现。德育目标的层次性，体现的是德育目标

的纵向划分标准；德育目标的域分性，体现的是德育目标的横向划分标准。实践表明，只有实现德育目标层次间与域分间的辩证联结，才能真正形成德育目标的有机系统。因为同一层次的德育目标往往是由不同域分的目标构成的；同样，同一域分的德育目标又是由不同的层次联结而成的。这是德育活动的内在要求。

德育目标层次间、域分间的辩证联结，要求我们在认识和处理德育目标时必须充分协调好两个关系，即过程目标与终极目标的辩证关系，首位目标与非首位目标的辩证关系。

### 1. 过程目标与终极目标的关系

终极目标是德育的总目标，是德育目标体系中所含价值最高的目标，是德育能量作用于社会的杠杆，只有它才能集中地表现出德育对社会的全部意义，因此，它在德育体系中占有极为重要的地位。过程目标是德育体系中的局部或阶段性目标。在二者的关系中，要做到两点。其一，要坚持过程目标以终极目标为指导的原则。砖瓦只有用于建造大厦才能体现其自身的意义，细流只有汇入江海才能浮起巨大的航船。过程目标只有与终极目标联结起来，才能培养出社会主义事业接班人和建设者的必备素质。因此，过程目标要转化成终极目标的有机组成部分，就必须以终极目标为指导原则。当然，过程目标虽不像终极目标那样在德育目标体系中占有最高地位，也不能表明德育对于社会的全部意义，但过程目标具有强烈的直接性和现实性。没有过程目标，终极目标就会成为空泛的抽象。反之，我们也不能使过程目标脱离终极目标并将其作为终极目标来追求。因为一旦失去终极目标的统摄，过程目标就失去了正确的指导，就会随着人们功利性的追求而成为盲目活动。为此，德育工作者必须树立牢固的终极目标观念，以终极目标统率过程目标，根据终极目标的要求对德育对象施加有目的、有计划的影响。其二，终极目标要以过程目标为中介基础。因为过程目标虽是终极目标的逻辑展开，终极目标是过程目标的逻辑起点和逻辑归宿，但是，没有一定的过程目标的演绎积累，终极目标是不可能形成的。在过去的德育实践中，广大师生都曾抱怨过规定的德育目标过高、过于笼统、过于求全，这说明过去的德育目标过于注重总目标的确定，而忽略了对过程目标的细化与衔接。因此，我们必须重视过程目标的制定。同时，在制定过程目标时，要注意使目标与受教育者的内在需要相结合，与受教育者的成长、思想和心理的发展层次相结合。离开了这两个结合，任何目标都会流于形式。此外，也要注意过程目标之间的衔接与连贯，以保证每一个过程目标与终极目标的逻辑一致性。事实上，终极目标的内容与形成状况，一般不会超越过程目标提供的可能性空间。终极目标虽是过程目标的最终归宿，是在过程目标逻辑发展基础上形成的，但它不是过程目标的简单集合，而是由过程目标抽象和升华生成的。这就是说，如果忽视过程目标，只强调终极目标在德育中的作用，忽视对人才的过程培养，或对人才的培养急于求成，幻想人的德行修养在某一刻突然达到理想水平，那么，最终将破坏终极目标赖以形成的基础，使终极目标成为无源之水、无本之木。

这样的德育过程实际上处于盲目状态，必然会给德育工作者和受教育者带来极大危害。

### 2. 首位目标与非首位目标的关系

学校的党团组织和所有的教员都要做好学生的思想政治工作。将政治方向放在第一位，实际就是将德育中的政治目标放在德育域分目标中的首位，成为首位目标。政治目标外的其他几个目标也就成了非首位目标。

德育的基本内容在内涵上和实践中无疑是互相联系、互相渗透的，但其各自的本质意义又是有区别的，不能相互混淆和替代。在德育内容上，显然是将政治方面的目标当作首位目标，其他目标当作非首位目标。但是，在德育实践和德育活动中，非首位目标并不意味着不重要。既不能以首位的政治方面的目标代替非首位目标，也不能使非首位目标泛政治化，更不能在新的市场经济发展的社会条件下只注重发展道德、心理健康方面的非首位目标，而忽略政治方面的目标。我们只有协调好德育目标域分间的关系，才能使德育健康发展。实际上，就政治教育目标而言，仅靠纯粹的政治教育是行不通的，而是要以其他域分目标方面的教育为基础、为条件；离开其他方面的支撑，政治教育难以落到实处。

需要明确指出的是，阐明德育目标域分间的首位目标与非首位目标，并不是说在德育活动的各层次、各序列都要过分强调首位目标。德育的内涵是丰富的，德育总是全方位地运行着，德育目标中的各层次、各域分都可能根据不同历史时期的实际和主客观需要而变化发展，加强或着重某一方面的教育不仅是可能的，而且是必要的。

在处理德育目标层次间、域分间的辩证问题时，要善于运用历史唯物主义和唯物辩证法的基本观点，不能把德育目标系统中的问题简单化、片面化。只有这样，才能使德育目标系统日益完善与科学，才能更好地满足新时期各方面对德育教育的新要求，为培养全面发展的具有较高德性素质的人才做出贡献。

## 三、德育教育的重要性

大学时期是人生道德意识形成、发展和成熟的重要阶段，在这个时期形成的思想道德观念对人的影响颇大。因此，大学时期是培养大学生对德育教育的认识，是大学生道德认知形成、发展和成熟的重要阶段。高等学校德育教育对大学生的成长至关重要，正确的道德认知是处理好个人与他人、个人与社会之间关系的行为规范，以及实现自我完善的一种重要精神力量，更是提高人的精神境界、促进人的自我完善、推动人的全面发展的内在动力。由此可以看出，高等学校德育教育很重要。加强对大学生的思想道德教育，培养他们牢固树立社会主义荣辱观，对于他们成人、成才十分重要。

## （一）德育教育保证个体培养的正确方向，促进个人全面发展

德育，即思想、政治、道德方面的教育，德育教育对保证个体培养的正确方向，促进个人全面发展起主导性作用。目前，我国社会各界关于思想道德修养建设的呼声越来越高，当代的高校大学生作为高素质人才，不仅要具备高超的专业技能，而且应具备良好、全面的道德品质。思想政治教育在各级各类学校都要摆在重要地位，任何时候都不能放松和削弱。要说素质，思想政治素质是最重要的素质。不断培养学生和群众的爱国主义、集体主义、社会主义思想，这是素质教育的灵魂。思想政治教育和德育工作之所以重要，是因为它是一项塑造人的灵魂的工程，是教学生如何做人的工作。大学生德育教育是大学生形成良好道德品质的重要途径。一个人有什么样的道德行为，与他所受的德育教育分不开。一个人的大学阶段是培养其道德品质的最重要环节，无论在理论、实践还是在情感、心理上，大学生都非常容易接受正面的教育，大学阶段同时也是思想和行为定位的重要时段，这一阶段所接受的教育和文化熏染可以影响一个人一生的思想道德品质和价值取向。对大学生加强德育教育，是构建和谐社会的客观要求。近年来，中共中央提出构建社会主义和谐社会的伟大构想。和谐社会是指人与自然、人与社会、人与自身关系全面协调并在全社会范围内达到和谐融洽的社会状态。大学生是时代青年的佼佼者，走向社会后，他们的道德品质将直接影响整个社会的道德品质状况。对大学生加强德育教育并且提高其思想政治素质，已经不仅仅是党和国家的战略要求，也是培育我国社会主义事业建设者和接班人的必然要求。当代大学生都成长于我国经济和社会的大变革时期，他们思想活动和心理状态的独立性、多变性、差异性非常明显。同时，在学习、生活、成长等方面他们面临着很多矛盾和困惑。很多大学生错误地认为就业不顺利仅仅是知识掌握、个人能力、面试技巧的问题，其实，造成这种局面的还有一个重要原因，即其思想道德素质不符合用人单位的要求。因此，高校要加强对大学生及时、正确的德育引导，使当代大学生树立正确的世界观、人生观、道德观和价值观。

## （二）高校实施素质教育应突出德育教育在素质教育中的首要地位

培养人才是大学的根本任务。大学教育担负着培养人才的重任，大学德育则担负着培养高尚品德、高素质人才的重任。大学教育是大学德育的基础，大学德育融于大学教育，居教育之首，引领教育的方向。在中国，我们党的教育方针历来强调德育的意义和学生德智体美劳的全面发展，强调教育的德育方向。育人为本，德育为先，这就是我们的首要理念。

21世纪是培养高素质人才的新世纪，德育教育在树立大学生正确的意识形态、形成

以社会主义核心体系为价值观的过程中具有十分重要的作用。在素质教育中，德育起着决定性、主导性的作用。思想道德素质对于调动和发挥人们其他素质潜能，起着价值导向和调控作用，它决定着人的综合素质。所以说，以理想、信念、道德、世界观、人生观、价值观为主要内容的思想道德素质，是人的素质系统中最具影响力的要素，它关系到今后一个人的为人之道、处世之道。加强对大学生的德育教育，是培养高素质人才的需要。从人才培养的规律来看，大学生在校学习期间，是其世界观、人生观、价值观形成的关键时期，此时加强大学生德育，对于树立正确的世界观、人生观、价值观具有决定性的意义，对于提高大学生识别和抵制错误思想倾向的能力，具有十分重要的作用。当今大学生容易受到互联网等新兴媒体的影响，缺乏社会实践经验，对网络等新闻媒体的一些报道不能正确理解和对待，往往容易产生偏见，从而影响自己的世界观、人生观和价值观，并可能出现政治信仰迷茫、思想信念糊涂、社会责任感缺乏、艰苦奋斗精神淡化、团结协作观念差等不良品质。从当今大学生的成长环境来说，也需要对大学生加强德育教育。

## （三）德育教育能帮助学生成为国之栋梁

在大学阶段加强对大学生的德育教育，能使他们具备良好的思想道德品质，真正成为国家的栋梁之才。教育是民族振兴、社会进步的基石。人一生下来就需要学习，接受各种各样的教育，学习和教育是伴随人的一生的。教育也是提高国民素质、促进人的全面发展的根本途径。坚持德育为先，不断推进素质教育，是教育改革发展的战略主题，也是贯彻党的教育方针的时代要求。学校的根本任务是培养人，以德育人既是培养人才的重要手段，也是培养人才的重要目的。德育工作始终要围绕解决学生"做什么人、走什么路、为什么学"的问题。高等学校是培养中国特色社会主义合格建设者和可靠接班人的重要"摇篮"，其必须重视德育教育，必须切实加强和改进大学生的思想政治教育工作。当今社会，我们既可喜地看到当代大学生在大是大非和重大灾害面前展现出良好的政治素质、强烈的爱国情怀和高尚的精神风貌，但同时也应该看到部分学生的思想观念、价值取向在市场经济的作用下出现了新变化，他们对一些重大问题还存在模糊甚至是错误的认识。因此，要加强对大学生的德育教育，让他们具备良好的思想道德品质，成为国家的人才。总之，高校必须始终保持清醒的头脑，以提升德育教育质量为重要途径，克服多方面因素形成的新挑战和新问题，更好地帮助学生健康成长和成才。

实施素质教育首先是思想观念的转变，而思想观念转变的一个重要途径就是在实施素质教育的过程中进行德育渗透，充分利用素质教育的主阵地——课堂，对实施素质教育的主体——学生进行思想渗透。如何加强高校各学科的德育渗透，是当前教育改革一个亟待解决的重要课题。

在全社会普遍重视加强和改进大学生思想道德建设的大氛围下，学校作为专职教育单位，"把德育放在学校一切工作的首位"已是共识。加强对学生进行政治教育、思想教育、道德教育、纪法教育和心理品质教育，对促进学生全面发展起着主导性作用。为了树立"课课有德育，人人是德育工作者"这一教育理念，教育工作者应积极开展"各学科渗透德育"工作，拓展德育阵地，增添德育渠道，丰富德育形式，扩充德育内容，使学校传统美德特色教育在学科渗透中增添新的时代内涵，在加强和改进大学生思想道德建设中发挥重要作用。"人之初，性本善；性相近，习相远"，由此来看，人的一生，"习"性教化可谓最重要了。一个人从出生到入学属于童年时期，是启蒙阶段，主要受教于家庭环境和父母；从入学到毕业属于青少年时期，是成长阶段，主要受教于学校环境和教师；从学校毕业以后属于成年时期，是工作阶段，主要受教于社会环境和自我教育，以至终身。一个人跨入社会后的成人期，其工作、生活、为人处世的"德行"，主要来自前两段时期的"教化"。那么，学校教育在整个人生长河中起到什么具体作用呢？本书认为，学校教育主要应起补救、输送、升华的作用。因此，作为人生中间阶段的学校教育，就要针对每个学生家庭教育的现状，及时采取补救、输送、升华的措施，这应成为学校德育工作的主导思想。

学校德育是个系统工程，整个人生道德、行为习惯的养成主要是在学校教育阶段获得。学校德育的升华教育就是要把每个人潜在的道德意识从原始状态提升到理性认识，并进一步养成每个人自发性的行为习惯，使其成为每个人跨入社会后各项工作得以顺利进行的重要保证。学校德育是人生道德过程中最重要的一环，因此，每一位教育工作者都应认真贯彻落实党和国家的教育方针，始终把德育工作作为学校工作的首要任务来抓，为把每个学生都培养成对社会有用的合格公民而努力。

# 第二节　道德教育是学校德育的根本

## 一、强调道德教育的基础性质是最基本的教育共识

强调道德教育的基础性质是教育界一个最基本的共识。这一命题可以从理论和实践两个方面予以佐证。从理论上来说，"道德教育是教育的根本"是许多教育学家的共识。从近代教育学产生之日起，强调道德教育的基础意义，就与教育学家们对教育的价值属性的共同认知紧密联系在一起。康德（Immanuel Kant）在其《论教育学》中曾经指出，教育以人类个体的未完成状态为起点，通过养护、管教、教导等环节，最终以发展儿童的善良

为倾向，使之成为道德存在的目的。康德的后继者——赫尔巴特（Johann Friedrich Herbart）更是明确指出"教育的唯一工作与全部工作可以总结在一个概念之中——道德""道德普遍地被认为是人类的最高目的，因此也是教育的最高目的"。今天的教育已经进入了互联网时代。科技教育在学校教育课程中的比例正在无限增大。但是，世界上理性的教育学家们都一致肯定教育的价值性，都承认道德教育在全部教育中的核心地位。正是因为这一点，面对全球范围内的挑战，联合国教育科学及文化组织（简称联合国教科文组织）已经将"学会生存"作为一种新的教育哲学加以提倡，强调"我们有足够的理由重新强调教育的道德和文化因素"。

从道德教育与政治教育的关系角度审视道德教育的基础性、重要性，也是许多教育学家的共同选择。杜威（John Dewey）曾经指出，民主政治热心教育，这是众所周知的事实；民主主义不仅是一种政府的形式，它首先是一种联合生活的方式，是一种共同交流经验的方式。人们参与一种有共同利益的事，每个人参照别人的行动，考虑别人的行动，使自己的行动有意义和方向，这样的人在空间上扩大范围，就等于打破阶级、种族和国家之间的屏障，这些屏障过去使人们看不到他们活动的全部意义。

从全球视野来看，随着可持续发展观念的确立，以及学校教育对于道德教育的深入反思，强调道德教育在全部教育中的基础性和重要性，采取不同措施，强化不同形式的道德教育，是当代教育理论与实践的共同取向。

我国教育界亟待完成学校德育的重心转移：从泛化的德育走向以道德教育为核心的、基础的、常规的学校德育。在道德教育基础之上，塑造中华民族基本品格的学校德育、学校教育，是我国改进基础教育品质，迎接新时代、新开放、新挑战的必然选择。

道德教育是学校德育的根本。由于学校是进行系统道德教育的重要阵地，青年学生是公民道德教育的重点人群，公民道德教育是学校德育的重要内容。明确道德教育在学校德育中的基础地位和作用，对于增强学校道德建设的自觉性、减少随意性、克服盲目性、提高学校德育工作的实效性、促进学生德智体美劳全面发展，具有重要意义。

## 二、道德教育是思想政治教育的基础

德育是对受教育者进行思想品德教育的一种教育活动，一般包括政治教育、思想教育和道德教育几个部分（心理素质教育应贯穿于整个德育过程），它们既相互区别又相互联系。政治教育是关于政治原则和政治方向的教育，其功能主要是确定教育的阶级属性和解决人的政治方向；思想教育是关于世界观和人生观的教育，其功能主要是培养人的科学的世界观和人生观，提高人的认识能力和帮助人们掌握科学的思想方法；道德教育是伦理道德规范和基础文明的养成教育，其功能主要是通过使人掌握道德原则和标准教人学会如何做人和评价他人等。根据青年学生成长的特点和品德形成的规律，德育内容应有不同的层次。对青年学生来说，思想政治教育属于学校德育框架中的高层次教育，它更理论化、更宏观、更概括，学生接受这种教育往往需要更多的生活积累。相对而言，道德教育则更倾向于实践，属于德育框架中的基础层次教育，它是处理人际关系的一种行为准则。

在学校德育体系中，道德教育具有基础性作用。政治和思想教育的繁枝茂叶，是根植于道德教育的沃土的。只有注重对青年学生进行基础道德规范的传授和养成，大道理才有坚实的基础，整个社会风貌才可能有大的改观。从学生道德品质的养成入手，实施政治思想教育，符合青年学生的接受水平，较易实施，并且可以使道德教育收到"由近及远""推己及人"的功效。因此，政治教育和思想教育虽然是学校德育中不可缺少的内容，但学校德育的重点应放在道德教育上。

## 三、道德教育是个体思想品德形成的基础

道德教育不仅是政治教育、思想教育的基础，而且可为青年学生打好做人的基础。道德教育的主要目的和功能之一就是教人通过掌握道德原则和标准学会做人，懂得做人的基本道理。一般来说，一个心地善良、乐于助人、有强烈道德责任感的人，会走上一条服务社会的人生道路；一个恪守道德规范的人，由于其良心的自律，他会比较自觉地遵守法律规范和政治规范；一个有高尚道德操守的人，能够为民族和国家利益采取积极行动，乃至献出自己的青春和生命。在历史上，一些具有高尚道德品质的人，尽管他们在世界观、价值观上不尽一致，甚至在政治上可能有分歧，但是他们不会故意去伤害国家和人民。而一个没有道德良心的人，很难在政治上保持坚定，一个空有理想而实际缺少道德的人，其"理想"也很难真正变成现实。

学校教育的首要任务是使学生学会做人，把青年学生培养成为社会主义事业的建设者和接班人。学生从小养成做人的基础伦理道德和良好的行为习惯，会终身受益。否则，恶习一旦养成，矫正起来就十分困难。因此，学校德育应该把道德教育作为基础工程切实抓好，在培养青年学生良好道德品质上狠下功夫。

个体思想品德的形成和发展具有一定的顺序。人的道德意识一般是先于他的政治意识、世界观、人生观产生和形成的，人的道德行为也先于其政治行为、法律行为形成和发展，并且对其思想品质和政治品质的形成与发展产生积极影响。

人的道德品质为什么总先于其思想品质和政治品质的形成与发展呢？第一，个体思想品德的形成与发展，受其身心发展水平的制约，与其身心发展水平相一致。第二，个体思想品德的形成与发展，是以其自身所参与的活动和交往为基础与中介的，与其所参与的活动和交往的范围、性质、水平相一致。具体地说，学生的抽象思维还没有充分发展，理论

思维水平还很低。他们还不可能真正理解社会发展的规律及人生的真谛，从而不能真正拥有科学的世界观、方法论和正确的人生哲学。从时间上看，学校的思想政治教育应当在适当的道德教育之后逐步进行；从逻辑上看，学校的思想政治教育应当建筑在基本的道德教育基础之上。

## 四、道德教育是增强德育实效性的基础

学校德育在发挥道德教育基础作用的同时，还应注意道德教育的层次性，这样才能增强实效。社会中的先进分子，体现了高层次的共产主义道德要求，这种崇高的道德应在现实社会中加以提倡，它起着导向作用。对社会中的大多数人来说，应要求他们遵守社会主义道德的基本要求，而社会中的少数后进分子，最起码应具备社会公德这一基本的道德要求。承认道德的层次性，可以使我们根据具体情况对学生提出恰当的要求，而不用"高、大、全"的模式"一刀切"；承认道德的层次性，还可以激励人们在道德上全面发展。我们既要鼓励在关键时刻能挺身而出、舍己为人的英雄，也要肯定在日常工作、生活中能兢兢业业、埋头苦干的人和为人诚实、守信的人。

道德教育是学校德育的基础工程，而道德教育又要以社会公德为基础。以公德教育为基础，是由公德自身的特点决定的。社会公德是维护人类秩序、调节人际关系的最基本的需要，也是人们社会生活的最基本需要。社会公德简单、具体，对社会关系的调整面比较广，容易做到，而且其中包含着崇高道德的萌芽。无数事实证明，具备良好公德的人一旦接受了马克思主义和共产主义教育，其道德水平往往会达到很高的境界。相反，一些人在道德上的堕落，也常常是不讲社会公德而埋下的祸根。以社会公德为基础进行道德教育，也符合青年学生的年龄特征和成长需要。

# 第三节　新时期高等学校德育实效性

## 一、高等学校德育实效性概念

德育这项实践活动所取得的实际效果被称为德育实效性中的"实效"。具体来说，德育实效性是指通过投入一定的人、财、物、时间等，获得最佳的效果和最大的好处，即德育目标在特定的环境条件下的实现程度。如果德育对改善学生的道德素质产生了积极的推动作用，那么德育就是有实效性的；若没有产生推动作用，那么德育就没有产生实效性。高等学校德育的实效性，是高等学校德育工作者通过课堂等主渠道将德育理论传授给在校

学生，让学生通过自我的学习和感悟，将其转化为自身内在的道德素质，再通过一定的德育实践，将这种内在的道德素质转变为生活中的日常行为的程度。

## 二、提高高等学校德育教育实效性的对策

德育可以说是学校教育的灵魂和先导，它与智育、美育、体育、劳育相互联系，彼此渗透，对学生的全面发展和健康成长起着重要作用。因此，相关人员必须高度重视德育教育，把德育教育工作放在学校工作的首位。但新时期德育工作的环境已经发生了很大的变化，学校需要与时俱进，相应地转变工作方法。

### （一）增强学校重视程度，完善德育工作机制

#### 1. 加强领导，完善德育工作机制

学校应该建立完善的德育管理体制和工作机制，把学校党委作为德育工作的领导核心，成立以学校党委为首的德育工作领导小组，由领导小组负责德育工作方针、德育工作任务和总体规划的研究、制定，形成党委统一领导、党政齐抓共管、全校紧密配合、上下共同推进的德育工作体制。高校应建立系统的德育教育体系，明确目标，细化责任，在全校范围内广泛推行，营造良好的育人氛围；引导全体教职工共同履行以人为本的德育教育原则，制定相应的制度，比如，在评聘职称时的制度倾斜，鼓励更多品德高尚、敢作为、有能力的优秀教师加入德育教育队伍，让更多人来关注德育教育工作，真正实现"育人为本，德育为先"。

#### 2. 加强德育工作队伍建设，努力打造一支专业化、职业化的德育工作队伍

德育工作队伍是高等学校德育教育的组织保障，高校的德育教育工作除了学校党委的重视外，主要依靠德育工作队伍来完成。当前的德育工作人员主要是学校的党政干部、"两课"（我国现阶段在普通高校开设的马克思主义理论课和思想政治教育课）教师、辅导员和班主任，他们往往身兼数职，工作任务繁重，很难拿出专门的时间和精力来对学生开展德育教育。高校党委应高度重视，加强组织领导，真正把德育工作放在首位，采取切实措施，培养一批具有坚定的政治方向、扎实的理论功底、敢于开拓创新的德育工作队伍，提高其职业化和专业化水平，使这支德育队伍真正成为大学生健康成长的指导者和大学生全面发展的引路人。学校领导层面应从各个方面给予德育工作队伍适度的关心，适当倾斜待遇，提高德育工作岗位的吸引力，吸引更多教师加入，不断扩大和充实德育工作队伍，真正建立起一支高水平的德育工作队伍。同时，应适时地对德育工作者进行培训，统一其思想，提高其认识，使之在掌握德育理论知识的同时积极开展学术研究，真正成为德

育领域的专家，增强其归属感和使命感，提高德育工作队伍的稳定性，从而真正实现德育工作队伍的职业化、专业化。

### （二）充分发挥德育教师的人格示范作用，营造全员育人氛围

对学生来说，学习知识固然重要，但具备良好的人格和品德更重要，一个品德低下、道德败坏的人是不会赢得他人的尊重，成就自己的人生的。大量事实也说明，人的良知一旦泯灭，道德出现问题，学再多的知识也是没有用的；育人一旦失败，教再好的学问也是徒劳的。在学生成长的道路上，教师要肩负起相应的责任。

学高为师，身正为范。教师的一言一行、一举一动都对学生有着强大的示范作用和潜移默化的影响。因此，我们必须加强高校教师的思想道德建设和职业道德建设，提高教师的道德修养和综合素质，不断提高德育工作人员师德修养，充分发挥教师的人格示范作用，树立以人为本的服务意识，做到为人师表、言传身教，通过教师的人格示范作用培养学生为人处世的态度，使教师成为学生崇拜的对象、信赖的朋友，从而达到成功传递科学的道德观念和价值标准的德育教育目标。我们应强化"育人为本，德育为先"的理念，让更多教职工参与到德育教育队伍中，把全员育人、全方位育人的思想贯穿到学校教学、管理、服务各个方面，努力形成全员参与、齐抓共管的良好德育氛围。

### （三）创新德育内容，改进德育教育方法，增强德育实践

#### 1. 创新德育内容

当前的德育教材内容相对滞后，对学生缺乏吸引力和感染力，并且普遍存在着以说教、灌输为主的方法，学生处于一种被动接受的状态，这些都影响了德育教育的效果。我们应积极地创新德育教育内容，注重与时俱进，不断挖掘当前社会热点中所包含的德育素材，利用身边的德育资源，将德育教育渗透到学生生活的方方面面，而不仅是单纯地停留在教材的"理论"或"概念"上；合理地借鉴国外优秀的德育理论和德育教育方法，丰富德育教育方法和形式；注重中华优秀传统文化的传承和启迪作用，让学生深刻领会和感受传统文化的魅力，乐意接受并传承传统文化中的精髓，并能将之转化为内心自觉的信念和实际行动。新时期高校道德教育内容要贴近学生的生活实际，满足学生的现实需要，充分彰显"以人为本"的德育理念，只有这样才能真正走进学生的心灵，启迪学生的道德思维，深化其已有的道德认识，增强其道德选择和判断能力，从而培养其良好的道德行为习惯，增强德育教育效果。

#### 2. 改进德育教育方法，增强德育实践

德育教育不仅要传授知识，示范行为，使学生"知其然"，还应该让学生"知其所以

然"。在具体的教育方法上，要改变传统的灌输模式，采取多样化的教育手段，可运用案例分析、小组讨论、演讲、辩论等方法，增强学生的参与热情，调动学生学习的积极性和主动性，使学生成为道德认知的主角；积极组织学生参加道德实践活动，通过志愿者服务、假期社会实践、与福利院孤寡老人及社区"空巢老人"结对帮扶等活动，让学生认识到自我修养的必要性，从而使学生对德育教育内容内化于心、外化于行。德育教育方法应贴近社会、贴近生活、贴近学生的实际，适应大学生的成长特点。在德育课程教学中，还可以探索德育教师与团委、学生社团联合开展活动的方式，在德育实践活动中让德育课教师参与活动的设计和规划，并全程跟踪和指导，把课堂教学内容融入社会实践活动，实现理论向实践能力的转化，帮助大学生认识社会、服务社会，在实践中强化道德内容，巩固道德信念，并建立科学的评价体系，将实践表现计入德育课成绩，以增强德育教育的实践效果。总之，德育教育只有从态度、形式、内容、方法多方面加以改进，做到与时俱进，才能真正发挥应有的育人作用，达到预期效果。

## （四）确定恰当的德育目标，优化德育环境

### 1. 确定恰当的德育目标

德育目标是德育工作的出发点和落脚点。社会对人的道德发展要求是多层次的，学生道德发展水平也是一个由他律到自律逐渐完善的过程。要求所有学生不分阶段、不分层次都达到同样的道德高度和水平是不合理的。高等学校德育目标的确立必须遵循德育规律，不但要立足现实，密切联系当今时代背景，而且要符合当代大学生身心发展规律，有计划、分层次地进行。因此，高等学校德育工作者必须重视德育目标中的层次性问题，充分认识德育工作的阶段性和渐进性特征，增强德育的针对性，分层次确定恰当的德育目标，满足不同道德层次的需要，比如，对学生中处于精英层次的优秀学生及学生干部，由于他们在同学中起着示范作用，对他们的德育目标可适当地提高，以便让他们有更高的追求，而对于部分表现欠佳的学生，则可适当地降低对他的德育目标，让其先从基本的人格修养和公民素养做起，从而提高德育的实效性和针对性。

从总体上来看，高校的基本德育目标应划分为两个层面：基础目标应体现"如何做人"，即要求大学生具有基本的人格修养和公民素养，使之具备诚实守信、遵纪守法、爱国敬业等品质；高层次的目标则是"如何做一个高尚的人"，即要求大学生树立远大的理想抱负，具有为国家、为人民无私奉献的精神，具有为人民服务的高尚品质。当前的德育教育要抓好基础层次的道德教育，将其放在首位，即分阶段、分层次、循序渐进地培养学生基本的人格修养和公民道德，使学生更好、更快地向更高层次的道德目标迈进，从而实

现高等学校的德育目标，真正实现立德树人。

具体来讲，德育目标要求学生具备坚定的政治方向和政治态度，坚定不移地走中国特色社会主义道路，具备为实现中华民族伟大复兴中国梦而奋斗的政治素质；具备正确的世界观、人生观、价值观和自觉承担历史使命和时代责任的思想素质；具备遵守社会主义道德规范、继承发扬中华民族优秀道德传统、符合社会主义道德风尚的道德素质；具备积极认知能力、健全人格、良好自我调节能力和社会适应能力等健康的心理素质，从而促进大学生全面成长和成才。

## 2. 优化德育环境

德育环境是指对德育实施和效果产生影响的各种外部因素，包括宏观环境和微观环境两个方面。宏观环境包括社会环境、家庭环境和网络环境等，主要是意识形态领域对高等学校德育产生的影响范围；微观环境指的是高校内部环境，包括学校的教学环境、校园文化环境、管理环境、服务环境等。高校的德育教育主要是通过微观环境将德育渗透到学校各个环节，通过教书育人、管理育人、服务育人对德育对象产生潜移默化的影响，以达到德育教育的目的。

首先，优化高等学校德育的宏观环境。国家高度重视对德育教育的宣传和引导，积极引导学生正确认识国际、国内形势，营造正确的舆论氛围，运用新媒体加强网络教育，净化网络，对社会现实问题加以分析和探讨，有针对性地为学生答疑解惑，提高学生辨别是非的能力。重视家庭教育，家庭教育对于学生的成长、成才起着至关重要的作用。

其次，优化高等学校德育的微观环境。高校要大力加强教风、学风和校风建设，积极开展文明有益的校园文化活动，优化育人氛围，净化校园环境，积极培育大学精神，加强人文关怀，丰富校园文化活动，强化校园的制度文化，切实加强校园环境建设。此外，高校要充分调动全体教职员工的积极性，真正实现全方位、全过程、全员育人，充分发挥宣传舆论的导向和宣传作用，创造良好的育人环境。

最后，作为大学生思想品德形成、发展的重要外部因素，高等学校德育环境对高等学校德育工作有着重要影响。大学阶段是青年学生思想成熟、人格完善的重要时期，高等学校德育环境的优劣将直接影响到大学生人生观、世界观和价值观的建立。伴随着社会的快速发展和新媒体时代的到来，青年学生的成长环境发生着巨大改变，德育工作者要正视当前德育环境的变化，充分利用媒体、网络等资源，加强正面宣传，积极营造良好的社会舆论氛围，不断优化德育环境，改进德育目标，实行显性教育和隐性教育相结合的方式，让学生在潜移默化中接受德育，并将其内化到自己的行为之中。

### （五）创新德育理念，把社会主义核心价值体系融入高等学校德育

#### 1. 创新德育理念

新时期高等学校德育教育要紧密结合社会实际，树立以人为本的德育理念。高等学校德育教育要充分尊重大学生的主体性地位，积极地转变观念，将学生的被动接受转变为主动学习。高等学校德育内容要贴近社会、贴近生活、贴近实际，教师在德育引导的过程中需要切实加强与学生的沟通和交流，加强人文关怀和情感投入，找准着力点，让德育教育不仅能解决学生较深层次的思想问题，而且能解决其生活中的实际问题，遵循德育教育的规律，融入社会主义核心价值观，引导大学生学会主动选择，充分发挥自我教育能力，通过一系列科学的、行之有效的方法、举措和途径，帮助大学生树立新的德育理念，使之真正做到道德信念内化于心、外化于行。

#### 2. 引导学生积极培育和践行社会主义核心价值观

青年可以说是这个社会中最活跃的群体，也是代表现在、影响未来的关键人群，倘若能用社会主义核心价值体系引领青年人的思潮，也就在很大程度上成功引领了整个社会意识的走向。特别是当今时代，活跃的社会思潮对大学生影响显著，部分大学生在价值选择和判断上摇摆不定，思想呈现出盲目的多元化发展趋势，表现出个人主义、功利主义、自由主义的倾向，缺乏远大理想、社会责任感和公民意识，用社会主义核心价值观对其进行有效的教育引导，非常必要。

### （六）构建高校、社会、家庭三位一体的德育教育模式

德育教育作为一个庞大的教育体系，不是单纯地依靠某个机构或某些人就能完成的，它应该是一个系统工程，学校、社会、家庭等因素都会对它产生影响，任何一方面的作用都不可小觑，如果仅有单方面的力量是很难达到预期效果的，因此，学校、家庭和社会三方力量应当形成合力，齐抓共管，只有这样才能实现德育教育的最大效力，才能真正创造出高等学校德育教育的良好局面。

#### 1. 抓住学校德育主阵地

学校教育可以说是德育教育的主渠道、主阵地，当前的德育教育主要还是通过高校的"两课"课堂、学校的号召宣传、校园文化的浸润、德育工作者的教育引导来进行的，不同的学校虽然重视程度不同、采取政策不同、教育效果不同，但我们都无法忽视学校在德育教育中的主阵地作用。传统的学校德育虽然存在诸多弊端，但仍是高校进行德育教育的主要阵地。我们应该深刻认识到学校对学生的培养作用，积极创新教育模式和手段，加大

投入，真正发挥学校在德育教育中的主阵地作用。学校党委应提高认识，完善德育教育工作体制，打造"全员育人、全方位育人、全过程育人"的良好格局，实行常规教育（包括爱国主义教育、理想信念教育、思想道德教育、心理健康教育等）和专题教育（包括遵纪守法教育、诚实守信教育、网络道德教育、感恩教育、社会责任教育等）相结合的教育模式，并针对不同学生的不同特点，分阶段、分年级进行。另外，思想政治理论课是各专业学生必修的基础课，要重视它的作用，并且在专业课的讲授中充分挖掘课程中的德育因素，有机渗透德育内容，强化学科的德育功能；积极开展专业实践活动，融入人生理想、完善品格、社会责任等方面的教育，不断丰富学校德育教学内容、方式和手段，切实将其应有的作用发挥出来，提高德育教育的实效性。

### 2. 转换德育方式，保证学生的主体地位

在新时期，教师要尊重学生的主体性、能动性、多样性，以"以人为本"思想为指导开展德育工作。为此，教师需要树立师生平等的观念，从学生的思想实际出发，以服务者的身份教育学生、管理学生。在此基础上，创造条件，给予学生更多的自由发展空间和思考空间，培养学生的主体意识。同时，教师应及时了解学生的思想状况、学习状况等，与学生加强交流，为选用合适的德育方式做好铺垫。相关教师必须积极改善教学方式，让所采取的教学形式能够更加容易地被学生接受。

### 3. 加强社会德育正向引导

作为高等学校德育教育的大环境，社会对高校学生德育教育的影响是巨大的、无形的。我们要充分意识到社会这个大环境的作用，把社会作为学生德育教育的基础，积极营造良好的社会舆论氛围，加强社会公德、社会责任、公民意识的教育引导，多传播正能量，树立正确的荣辱观，让学生更好地感受到社会这个大环境所营造的德育氛围；国家加强对主流媒体的监管，清理网络空间，及时遏止网络中不良信息的传播，弘扬正气，营造良好的舆论氛围；通过社会考察、社区服务等社会实践形式来增强教育效果，积极挖掘社会中的德育资源，发现典型，树立典型，发挥榜样的示范作用，聘任模范的校外兼职辅导员对学生开展德育教育；积极联系爱国主义教育基地、德育实践基地、社区等德育教育基础场所，开展德育实践活动，比如，在社区开展志愿者帮扶、公益爱心、社会主义核心价值观宣讲等活动，让学生自己去挖掘身边的好人好事、道德模范，发挥普通人的榜样示范作用，这有利于青年大学生接触和了解社会，有利于其道德观念的形成，并有利于其将道德观念外显为行为。

### 4. 强化家庭德育教育

家庭教育也是德育教育不容忽视的重要渠道。在大学阶段，我们常常会忽视家庭教育

对学生成长的作用，学校和家庭之间由于时间和空间的原因，普遍缺乏联系，但是家庭教育对学生的德育教育起着非常关键的作用。由于血缘关系，家长和子女之间有着密切的情感联系，父母可以通过言传身教的方式对学生进行德育教育，起到德育教育中社会和学校无法替代的作用。大学阶段是青年学生人格养成和价值观形成的一个重要阶段，家长不应放松对子女的教育。作为高校，应积极地呼吁家长多关注看似独立的大学生，家长要及时了解子女的思想动态和心理状况，发现问题及时向教师反馈。在教育上，家长不能仅仅关注子女的学业成绩，更应该关注子女的现实表现和道德养成，改变以往单一、强硬的教育管理模式，结合子女的性格特点，做好积极沟通。家庭教育在学生德育教育中发挥着不可替代的作用，具有独特性，但是在家庭德育教育的过程中，由于不同家庭的文化层次不同，家长素质不同，教育模式也千差万别，时常会出现随意性、盲目性等问题，这也需要学校加以引导，学校应加强与学生家庭的沟通和联系，建立有效的家庭—学校合作机制。比如，建立家校联合制度，请学生家长在新生报到、学年结束、毕业典礼等适当的时机来学校参观考察，了解学校的办学模式和教育重点，让他们积极关注学校网站，了解学校的发展动态、学生的学业水平、学生的在校表现等；建立家长 QQ 群、微信群，设立家长委员会等，及时与家长取得联系和沟通，及时反馈学生的在校表现，尤其是一些贫困生、有心理问题的学生；通过召开家长代表座谈会、网络视频会谈、电话访问等方式，加强与家长的沟通与联系，形成家庭与学校德育教育的良好互动机制。

学校、社会和家庭构成了德育教育的全面网络，在时间、空间上几乎覆盖了学生的全部生活，但三者有着各自不同的优势，也存在着各种不足，若想实现德育教育的良好效果，提升德育教育的实效性，就要将社会德育、学校德育和家庭德育有机结合在一起，实现优势互补，从而形成德育合力。我们应积极构建"以学校德育教育为主导，以家庭德育为基础，以社会德育为依托，以学生为德育教育的主体"三位一体的教育模式，实施全方位的德育教育，不断创新教育内容、教育方法和教育手段，进而从整体上提升德育教育的实效性。

**5. 学校、家庭、社会齐抓共管，营造良好的德育氛围**

德育在大学生自我价值观、道德观养成过程中所占有的地位是非常突出的，此外，家庭、社会等因素也对大学生道德观的形成有一定的影响。因此，家庭、学校和社会需要共同努力，营造良好的德育氛围，让学生能够在生活和学习中感受道德的力量。学校、家庭、社会基本涵盖了学生日常生活的各个部分，其在推进德育的过程中各有优势，但是不足的地方也相对突出，相关教育者只有促进三者的有效结合，才能够最大限度地发挥德育的有效性。

在营造社会氛围的过程中，要积极发挥大众媒体的作用，多宣扬正能量，让学生从大众媒体了解到培养自我道德的重要性。在对学校德育氛围进行构建的过程中，则要把重点放在建设学校文化上，通过校内刊物、校内讲座等多种形式加强学生的道德观念。至于家庭氛围的营造，则需要家长以身作则，对大学生进行充分引导，为其塑造正确的价值观奠定基础。

### 6. 更新德育的内容，让德育和生活紧密相连

道德的发展会受各个时期各种各样因素的影响。高校在实施德育的过程中，也需要考虑德育内容是否贴合学生实际。在开展德育工作的过程中，相关教育者要联系大学生的思想实际，尽可能地使德育内容和生活贴近，这对于大学生解决实际问题是非常重要的。为更新德育内容，高校应从德育的一般培养目标出发，根据德育工作的实际，分层次、有重点地确定具体的德育工作目标和内容。

一般情况下，高等学校德育工作的目标在横向上分为道德教育、纪法教育、心理教育、思想教育、政治教育五项常规内容；纵向上按年级从低到高层层递进。譬如，对刚踏入校园的学生进行德育教育时，可以把重点放在提升学生自我约束能力上；对即将踏入社会、步入工作岗位的学生进行德育教育，则应把德育内容放在培养学生爱岗敬业精神及提升学生的责任心上。

除了常规的德育内容，还要注重德育内容的与时俱进，要根据新的教育观念纳入新的德育内容。只有及时地根据学生的年龄和特性对德育内容进行更新，才能够最大限度地确保德育的实效性。

德育对学生素质的提高起着极为关键的作用，是学生自我不断发展的重要途径，也是学校应尽的义务。青年大学生的道德素质对于国家的发展极为重要，但当下高校的德育在实效性等方面还存在欠缺。因此，德育工作者必须加强对德育的重视，积极完善德育系统，尽可能地保证所采取的德育措施能够符合相关教育实际，为德育作用的发挥奠定基础。

德育对于学生自身素质的提高是非常重要的，这是学生不断提升自我发展的重要途径，因此，学校必须加强重视。在传统的教育模式中，师生是很少进行交流的，这就使得教师不能及时地了解学生的想法，进而不能及时地对现有的德育方法进行调整。相关德育措施的采取则能够让学生更好地利用道德观念对自我行为进行约束，这对于学生的全面发展是极为重要的。

# 第四节　大学生德育教育途径

## 一、加强学生道德教育的途径

### （一）提高教师素质

即使认识到道德问题的重要性，学校聘请教师也并不是以品德作为最高标准的，教师的学术水平仍是最主要的，品德只是一个相对来说比较偶然的因素。学校的聘请制度看重教师自身的学术能力，这无可厚非，但是对于教师本身的素质来说，教师平时的言行举止、职业操守、习惯及对待学术的态度，对学生来说都具有重要的教育作用。如果要让道德教育复兴，教师一定要训练有素。

### （二）授课形式多样化

教师在课堂上如果只是陈述一些道德原理，对学生只是一味地进行思想灌输，这并不能培养学生对道德问题的推理能力，也不能帮助学生及时处理他们生活中出现的道德问题，而是应将陈述观点的授课形式改为讨论的形式，通过组织课堂讨论来鼓励学生认识道德问题，让学生提出论据，然后进行评估，最终得出一个经过理性思考的结论。详细的讨论有助于揭示一些具体问题。

另外，在课堂上也可以尝试进行道德推理，经过仔细推理，学生可以弄清和解决许多道德问题。例如，针对学生为考试作弊行为辩护的问题，要通过道德推理让他们意识到作弊行为并不会带来评分制度的改革，而只会造成对其他学生的不公平等。

### （三）加强理论联系实际

学校道德教育是道德建设的主阵地。但是，在欧美高等教育界十分流行的一个思想学派认为，学院或大学的作用是严格意义上的理性作用。高等教育应该充实学生的思想，而不是仅仅使他们形成道德习惯。知识是一回事，美德又是一回事；良好的意识并不是良心；哲学，不管它多么深奥，也不能控制感情。课堂可以提供对待事物正确的认识态度，但它不是一个培养德行的好场所。培养德行需要实践，实践需要时间。诚然，道德观或道德习惯的养成在很大程度上依赖于课堂之外的诸多因素，如家庭影响、社会政治观点、朋友等。同时，我们也必须承认课堂教学在塑造学生人格方面的作用确实有限，但这并不能成为拒绝开设道德课程的理由。大部分学生的道德表现都得益于他们所受的教育，通过道德教育，他们对道德问题表现得更敏感，能用自身的价值观来处理他们实际生活中所遇到的道德问题。

当大学从社会边缘走到社会中心，其社会功能越来越引人注目，在大学将传授知识、发现知识的工作做得很出色的同时，更需要加强其道德建设，加强教师治学道德，培养学生的道德推理能力，将知识与道德紧密地结合起来，建设中国理想的大学。

## 二、加强大学生德育工作的有效途径

### （一）重视课堂教育

课堂教育包括思想政治教育课教学、专业课渗透和公共选修课等。思想政治教育课是大学生德育工作的主渠道和主阵地，在培养大学生树立正确世界观、人生观、价值观方面发挥着重要作用，中国特色社会主义理论体系、中国梦教育等应该成为思想政治教育课的核心内容。专业课渗透要求授课教师将德育教育内容有机融合到各专业课程，通过系统讲授专业知识对学生思想品德起到潜移默化的作用，从而挖掘专业方面具有思想性的内容，对学生进行道德教育。公共选修课应当侧重对大学生进行人文精神培养，人文精神是锤炼大学生思想品德的重要内容，高校要多开设人文社会科学学科的选修课程，把选修课作为提高大学生修养和道德境界的重要渠道。

### （二）强化党团工作

党团工作包括基层党团组织建设、党校团校培训、党团主题教育活动等。党团工作对坚持中国特色社会主义办学方向、落实立德树人的根本任务具有关键的作用。高校党委必须加强对学生德育工作的领导，贯彻落实党的教育方针政策，重视和加强基层党组织的思想建设和组织建设，利用党风党纪教育、党建工作示范点，推动党支部工作创新立项，严格落实"三会一课"制度，严肃党员发展等途径，发挥好党组织的战斗堡垒作用，利用党校专题培训、主题报告、党员经常性教育、组织生活会、警示教育等形式，激发党员的先锋模范带头作用。共青团是党的助手和后备军，高校共青团系统要经常组织团员学习中国特色社会主义理论，开展"与信仰对话""青年马克思主义者培养工程""基层团支部达标建设"等形式的活动，带动青年团员坚定跟党走中国特色社会主义道路的信心。此外，要抓好基层党团组织、共产党员和优秀共青团员的思想、作风建设，通过他们带动和影响全体学生共同进步，从而为大学生德育工作提供强有力的组织保障。

加强大学生德育工作必须完善管理体系。高校对于大学生的管理包括制度建设、日常行为管理、学习管理、公寓社区管理等内容，目的是使学生形成良好的文明习惯、学习态度、道德风尚和生活作风。大学生正处在青春期，自我管理能力还不强，这就要求高校在注重大学生思想政治教育的同时必须辅之以必要的管理手段：第一，应该依据"立德树人"的根本目标，制定符合党的教育方针、教育发展规律和学校实际情况的管理制度，建立和完善各项工作的标准流程和处理途径，确保管理工作的规范化、科学化、制度化；第二，应该将管理教育融入管理的各个环节，将学习管理、文明行为养成教育、公寓社区建设等有机结合起来，比如，在大学生公寓管理中仅把宿舍当作学生的生活空间是无法达到培养学生优秀品德的目标的，而应该将宿舍卫生成绩与学生良好文明行为教育结合起来，将宿舍按时作息制度作为学生学习精力充沛的必要保障，将公寓社区文化氛围建设作为熏陶学生人文修养的重要辅助措施；第三，应该将管理和教育、奖励和惩罚有机结合，注重规章制度的严谨性和工作实施的公开公正，增强学生的公平竞争意识，达到真正教育学生的目的。

## （三）丰富德育活动

德育活动是指寓教于乐地、形式多样地对大学生进行道德教育的活动，具体包括科技创新、社会实践、志愿服务、素质拓展等内容。大学生精力充沛，成才意识强烈，喜欢通过参加各种各样的活动来提高自己的综合素质，这就要求高校根据自身实际情况设计一系列品位高雅、使人喜闻乐见的活动，让"有意义的事情"变得"有意思"，丰富大学生的精神文化生活，提高大学生的动手实践能力、组织能力和创新创造能力。比如，高校拥有强大的科研平台，可以结合专业特点设计各类科技创新竞赛，在科研活动中对大学生进行专业思想创新意识、创造性思维和职业道德等教育。再如，高校可以利用寒暑假和休息日组织开展社会实践"三下乡"活动，引导大学生充分认识国情、民情，与人民群众结合，与实践结合，培养大学生良好的奉献精神和端正的劳动态度，促进了社会物质文明和精神文明建设。

# 第二章　高等学校德育共同体

## 第一节　高等学校德育共同体的内涵和特点

### 一、"共同体"的多元诠释

要厘清"德育共同体"的内涵，首先要正确理解"共同体"的内涵。"共同体"是一个舶来词汇，在古汉语中并不存在。在《现代汉语词典》中，共同体有两个义项：一是人们在共同条件下结成的集体；二是由若干国家在某一方面组成的集体组织。在英语中，"共同体"常被翻译为"community"，其含义包括了"特定区域内的人民、相似的生活风俗和种族习惯，以及共同的利益和价值诉求的社会群体，在共同区域的生活群落，具有归属感或共同的精神等"。由此，我们可以看出"共同体"与社区、团体、共有、群体等词语有关，这些词语都代表着人类的一种生存和生活样态，本源上都具有"正向的、好的、关乎善"等含义。

#### （一）从社会学的视角来看

德国著名哲学家、社会学家费迪南·滕尼斯（Ferdinand Tönnies）最早在《共同体与社会》一书中对"共同体"进行了界定。他指出，共同体是通过某种积极的关系而形成的群体，统一地对内对外发挥作用的一种结合关系，是现实的和有机的生命组合，重点强调了人与人之间的积极关系、共同的精神意识及对共同体的归属感和认同感。滕尼斯将共同体分为血缘共同体、地缘共同体和精神共同体。三者之间关系紧密，血缘共同体基于对族群的认同，聚居于邻近的区域，进而发展和分离为地缘共同体；地缘共同体则基于群体风俗和集体记忆在相同的方向、意识上相互作用和支配，发展为精神共同体；精神共同体是最高形式的共同体，它代表着最本真和美好的群体意念和团体"善"的寻觅。总之，社会学视角下共同体特指一个拥有某种共同的价值诉求、目标和规范的实体，所指涉的是人们自由、平等、和睦、友爱的和谐生活的样态。"德行化"就是共同体生活的实现活动。

### （二）从政治学的视角来看

亚里士多德（Aristotle）在其名著《政治学》中提到了"城邦"的概念：一切社会团体都以善业为目的，那么我们也可以说，社会团体中最高且最广泛的一种，它所求的善业也一定是最高且最广泛的，这种最高且最广泛的社会团体就是所谓的"城邦"，即政治社团（城市社团）。这里所提及的"城邦"是一个政治性社团，也就是一个共同体，其目的就是追求"善"的实现。他在书中还提到"城邦"的基本单元是个人和家庭，从家长、族长到国王的统治理念是共同的。因血缘而产生了家庭和家族，所以"同乳所哺"，当村落在满足生活需要时，为了生活得更加美好，他们会希冀建立更大的族群联合体，"城邦"就这样产生了。因此，政治学视角下的共同体是由公民构成的社会单位和组织，其价值追求一方面是要组建共同体内部的组织架构并安排政治行为，另一方面则是追求"善业"，即提升成员的道德水准与知识素养，以适应社会生活的需要。

### （三）从教育学的视角来看

美国教育家约翰·杜威（John Dewey）在《民主主义与教育》中将共同体的概念引入教育中。他提出"学校即社会""教育即生活"，学校作为教育共同体的一种形式，是在学习进程中，让学习者通过共同学习和榜样激励，提高学习的能力和水平，理解知识的发展过程并树立关于"美"和"善"的追求。杜威关注的是个体思想与情感的互动和意识的觉醒，共同体的形成不是因为人们同处一地，而是因为大家具有彼此互通的信仰、目的、意识和感情。也有学者指出，教育共同体是基于一致的教育信仰，为了共同的教育目标，在培养人的社会实践活动中形成的有责任感的个体联合，或称之为教育者共同主体形态。

此外，许多中外学者也从教育学的视角提出了如学习者与思考者共同体、探究共同体、知识建构共同体、学习共同体等等。尽管各自关注的角度不一样，但是教育学视角下的共同体强调教育者和受教育者主体性的发挥，就是教育者与学习者为了实现教育目标，相互学习、相互合作，共同完成教育活动的一种精神共同体。

## 二、德育共同体的内涵

德育是有目的、有计划地在政治、思想与道德等方面对受教育者施加影响的活动。其目标主要包括培养某种德行素养和造就某种社会角色，本质上是一种个体完成道德上的社会化的过程。无论是社会学视角下的共同体，还是政治学视角下的共同体，抑或是教育学视角下的共同体，都具有如下共同点：共同的精神信仰、共同的历史文化传统、共同的目标导向、群体的参与和联合。所关注的重点都是个体德行的提升和对"善"的追求，这与德育的目标无疑是一致的。因此，对于德育共同体的讨论也离不开社会学、政治学、教育学和马克思主义学说的支撑。此外，德育是教育的有机组成部分，也是教育的一个重要环节。自人类社会产生以来，德育一直伴随着教育的发展而发展，在历史的某些阶段，德育甚至被视同教育。在我国实际的教育活动中，"德"始终居于"五育"之首，为社会培养道德合格的人始终是教育的应有之义。因此，德育共同体可以放在教育共同体的框架下进行讨论。

根据德育的本质属性和基本目标及德育与共同体的统一性，我们可以得出如下结论：德育共同体是基于一致的道德信仰和价值认同，为了完成共同的德育目标，由群体成员共同参与，通过课堂德育、角色德育、实践德育、生活德育、团体德育、网络德育等多路径多场域相互作用，以主体互动合作、资源共享为基本准则，在培养有德行的人的社会实践活动中形成的有着强烈的责任感和归属感的生命有机体。

德育共同体的构成不仅包括了个体和群体，还包括了德育的各种路径、场域等。具体来讲，个体层面包括学生、德育教师、专业课教师、行政管理人员，以及学校的其他成员；群体层面包括了学校、企业、德育机构等。路径和场域方面包括课堂、角色、实践、网络、日常生活等。德育共同体的生成需要两个基本的条件：一是共同体中的各要素具有共同的道德信仰、价值认同以及基于"意义建构"的德育目标，从阶级社会到现代社会，德育的功能和形态都发生了重要变化，尤其在现代社会，工具理性和劳动异化问题制约了人的自由全面发展，德育共同体就是要实现以上两种教育目的的统一，基于"意义建构"来促进人的全面发展；二是共同体中的各个要素之间具有良好的沟通、融洽的感情和深度的理解。德育是社会的产物，并不是基于血缘的自然共同体，教育者与受教育者之间的关系是需要建构和营造的。在德育共同体中，德育主体为主导，角色、团体、实践等实现路径通过课堂、生活、网络等场域进行良性、和谐的互动。因此，高等学校德育也不再是机械的系统，而是一个充满活力的生命共同体。

## 三、德育共同体的特点

### （一）共同的道德信仰和价值认同

德育共同体的存在和发展主要依赖于共同体内部所有成员的道德信仰和价值认同的一致性。共同体成员所持的价值观、情操和信念，它能够为使人们凝聚于一项共同事业提供所需要的"黏合剂"。共同体中心统管对共同体有价值的东西，提供指引行为的规范，并赋予共同体的生活意义。共同的道德信仰和价值认同是德育共同体的前提和基础。共同的道德信仰能给予人生最广大的意义，从本质上讲，就是对于"善"的追求；共同的价值认同从根本上讲就是对马克思主义基本思想的认同，具体来讲就是对社会主义核心价值观的认同。道德信仰和价值认同是维系德育共同体成员的强大精神纽带和奋斗动力。道德信仰和价值认同使得共同体成员超越了狭隘的群体意识，使德育共同体成为一个内部成员良性互动的具有内生动力的价值共同体。

### （二）共同的历史文化传统

共同的历史文化传统是德育共同体存在和发展的重要条件。德育共同体不同于血缘共同体和地缘共同体，它是一种基于共同的历史文化传统的精神共同体。正是基于共同的历史文化传统思想的契合，共同体内核才有了更高的"黏合性"。这些共同的文化特质主要包括共同的文化意识形态、共同的文化价值观念、共同的文化道德规范以及追求真理的精神和坚持正义的品性等。这些特征是德育共同体成员间彼此了解、产生精神归属感的源泉所在。中华民族文化作为绵延数千年、从未中断的文明样态，已经融入中华儿女的血脉肌体，影响着中国人的思维方式、价值选择和行为模式。德育共同体就是要扎根于中华文化的深厚土壤，立足传统，从中获得源源不断的精神滋养。因而，在某种意义上可以说德育共同体就是文化共同体。

### （三）明确的目标和指向

明确的目标和指向是德育共同体存在和发展的根本动力。德育共同体的目标就是为了培养有德行的人，实现人的全面发展。人的全面发展并不是脱离社会和国家发展的单纯的自然需求，而是以个人的全面发展为目标、以社会和国家发展为前提的综合发展需求。具体来讲，德育共同体就是将个体的全面发展融入实现中华民族伟大复兴的中国梦当中。这个目标的实现，就必须走向并融入社会实践，在实践中检验德育共同体存在的价值与生命力，在实践中发展和完善德育共同体的内涵和外延，在实践中进一步明确德育共同体的任务和使命，就是要构建具有强烈责任感和归属感的实践共同体。

## 第二节　基于德育共同体理念的高等学校德育体系

### 一、高等学校德育体系的基本设定

德育工作者如何认识自己的工作对象、如何设定自己的工作目标和工作内容，直接关系到德育模式的性质，关系到德育的具体实施，也关系到德育的实际效果。以德育共同体的理念构建一个"交互协同"的德育模式，关注学生的差异性，建立良性的师生互动，并不是改变一个理念就可以完成的，还需要对德育目标、德育对象、德育内容做相应的调整和设定。在"交互协同"的德育模式中，我们认为：德育的目标不仅是对知识体系的掌握，更在于促成学生对意义世界的建构；德育的对象不是被动的接受者，而是主动的建构者；德育的内容不仅有知识体系的传授，更有建立在知识体系之上的认知结构。

### （一）德育目标：促成主体德行养成

过去很长一段时间，由于把知识体系作为德育的内容，而将德育知识的掌握作为德育目标，把知晓作为德育的最终目的，追求理论和教条，简单、机械、单项地告知学生，考核的主要办法为记忆、复述和背诵。从根本上讲，德育传播的是意识形态，而意识形态教育所追求的最终目的并不是知识的掌握，而是价值的认同、意义的建构，并最终指导人的实践。因此，将知识的掌握作为德育目标加以考核，是不够完善的。德育的目标包括知识的掌握、价值的认同和意义的建构三个方面。

#### 1. 知识的掌握

"知"是"行"的前提和基础。因而，知识的掌握是高等学校德育工作最初的目标。要实现人才培养的根本目标，势必要求学生对马克思主义相关的概念、知识和体系有所掌握。德育不能仅仅局限于对社会现实的消极适应，而是必须超越现实的经济基础，即使在被称为信息时代的当下，仍然具有很强的前瞻性和超现实性。因而让学生系统地掌握相关知识体系，是高等学校德育的第一步目标，也是促进价值认同的前提。当然，在具体实践中，不能简单、机械地开展知识教育，不能被动、强制地促进知识的掌握。

#### 2. 价值的认同

在掌握知识的基础上，德育工作者还应当积极促成价值的认同。知识并不是对客观事物的直接复制，它是以人原有的认知结构为基础的。学习也不是简单的知识转移，它首先要以学习者原有的知识经验为基础实现知识建构，即通过新经验与原有知识经验反复、双向的相互作用来充实、丰富和改造自己的知识经验。掌握知识并不是学习的最终目的，学生对知识的理解和记忆只是教学的第一步，他们还要结合原有经验，对学习中获得的知识做出自己的分析、检验，并最终判断其是否合理、是否可信，决定是否认同。因此，德育的目的不是仅仅追求让学生掌握知识，更重要的是引导学生通过对问题进行分析和思考，把知识转化为自己的学识，变成自己的主见，形成自己的思想。在这种转化过程中，"认同"的作用至关重要。必须明确的是，教育者必须主动参与整个学习过程，全面地把握受教育者主动参与的程度、协作学习的能力、理想与信念的意义建构水平和建构方向，积极地促进价值的认同。

### 3. 意义的建构

所谓的意义不是简单地由外部信息决定的，而是由受教育者通过新旧知识经验间反复相互作用经筛选建构而成的。在教育过程中，受教育者是可以根据自己的认知图式基础和学习风格，进行有针对性的选择，进而来开展意义建构，而且这种意义的建构不可能由他人代替。因此，德育的核心在于引导受教育者如何进行选择并建构正确的意义。德育是个体主动建构价值、理想、信念意义的过程，是个体创造知识、价值、信念而非发现知识、价值、信念的过程。所以，我们需要根据受教育者现有的思想道德知识与信仰基础，把握好他们思想道德发展的最佳关键期，创设喜闻乐见的、丰富的教学情境，使教育走在发展的前面，促进受教育者理想信念的意义生成与内化。在这样的教育关系中，教育者与受教育者是价值引导者和意义建构者的关系，受教育者成为德育中的主角，教育者则转变为意义建构的价值引导者、帮助者与促进者。而两者关系的核心，即德育的目标，要从知识的掌握，走向价值的认同，并进一步走向意义的建构。

## （二）德育对象：交互协同的多元主体

### 1. 被动的参与者

毋庸置疑，当前高等学校德育实践中存在被动的参与者，他们不是主动参与而是被引导、约束着参加到德育体系中来的。比如，政治理论课作为大学的必修课程与学生毕业的基本条件直接挂钩，或将学生社会实践等课外活动列为必修环节。德育实践过程中明显带有一定的强制性，学生选课是被动的，来上课或者参与活动也是被动的。不管学生在被动参与中对德育内容接受与否，他们的参与实际上只是表现了形式上的参与，是事实上存在的。对于被动参与者，我们听之任之、强迫强制都是不足取的，而应当加以正视和转化。应当认识到，学生并不是把知识从外界搬到自己的大脑中，而是以已有的认知结构为基础的再加工、转化、吸收，我们不能无视这些已有的认知结构，简单强硬地从外部对学习者实施知识的强输，而应当通过积极引导，把他们原有的认知结构作为新知识的生长点，形成新的认知结构。

### 2. 良性的交互者

无论是出于被强制参与，还是出于自身功利的目的，或是主动追求，实际的德育工作中都存在着大量与教师良性互动的学生。这为我们开展德育工作提供了良好的契机。需要明确的是，学生的主动建构并不会自发形成，它需要教育过程中师生的参与、互动与协作。个体在合作与相互尊重的环境中，有利于形成道德自律，反之在限制或单方面尊重的环境中，则易于导向道德他律。在大量的德育情境中，教师与学生存在双向迷失：学生对德育工作存在忽视和逃避，不知道能获得什么；面对学生的怀疑、观念的冲突，教师则会存在价值的失落感。这种迷失之所以会存在，一方面是认为学生脑袋里空空如也，自己可以输入知识进去；另一方面，也说明现实中缺乏充分的良性互动，无法捕捉到学生已有的认知结构。教师要认识到自己是学生学习的促进者、鼓励者和帮助者，作用是帮助学生探索可能的答案，任务是促进学生的发展。因此，德育工作者的任务是通过设计教学活动，营造良性的互动氛围，引导大量的被动参与者向良性的互动者转化，使学生变被动为主动，参与到"交互协同"的德育模式中来。

### 3. 主动的建构者

不管我们的对象是被动的参与者，还是良性的互动者，他们事实上都是主动的建构者。无论学生在不在情境中，在不在互动中，他们总是在不停地建构着自己的认知，更新着自己的认知结构。也就是说，学生的建构是始终存在的，差别在于我们是否参与了其建构的过程，对其建构结果有多大的影响。我们开展德育的目的，并不是为了让学生被动地接受知识、简单地重复知识，而是要培养学生认同我们所主张的价值观和行为导向。因此，发挥学生的主体性，增强其平等和自由度，引导其站在自身角度理解和接纳我们的主张，是增强德育实际效果的关键。换言之，要把我们的教育对象设定为"主动的建构者"，把"被动的参与者"转变为"良性的互动者"，积极地参与其内在的认知建构过程，从而实现德育工作的目标。

### （三）德育内容：知识、情感、认知的多维度

结合高等学校德育的实施过程和学生意识的形成过程，我们认为高等学校德育内容包括知识体系、情感体验和认知结构三个方面。

### 1. 知识体系

偏重理论教学的知性德育受到了批判，许多学者认为知性德育的极端化造成了德育理论与实践的"两张皮"，使德育走向抽象化、虚假化和失范化，导致了学生的"知行分离"。解决知行分离的问题，并不是要摒弃"知"，而是要引导"行"，并不是知识体系不应该成为德育的内容，而是德育的内容不应该只有知识体系。一方面，道德知识作为一种间接经验，是人类历史发展的产物，是一代一代薪火相传的、具有道德告知的功能；另一方面，"知"是"行"的前提和基础，系统的道德知识是学生道德形成、发展的前提。

### 2. 情感体验

道德是和人类的体验、情感等主观感受紧密联系在一起的，这些主观感受对道德判断

具有重要的作用。如俗语所讲的"将心比心""换位思考"等就体现了情感、体验对道德判断的影响。人类的体验和情感是具有相当程度的共通性的，这为我们开展德育工作提供了极大的便利和极佳的素材。在知识体系的基础之上，情感体验应当成为德育的重要内容。和知识体系不同，情感体验不是静态的理论和文字，也无法直接传播和扩散，它只能存在于特定的情境之中。也就是说，情感体验这类德育内容，产生于德育工作的实施过程之中。获得情感体验的德育内容并不难。事实上，近年来，德育工作中广泛采用的研讨教学、情景教学、现场教学、角色模拟等教学形式，创设了大量的情感体验和交流的情境，对学生引起情感共鸣、产生道德判断具有极大的促进作用。在过去，这些情境的创设更多是从德育方式方法的角度来研究的。我们认为，应当将这些情境中共通的情感、体验提炼出来，作为德育工作的内容来研究。德育工作者在创设情境时，应当重点关注情境给学生带来的情感和体验，而不是情境设计本身。

### 3. 认知结构

知识不是对现实世界的客观表征，没有主动建构，教育中真正的理解就不可能发生。因而知识具有相对性、主观性、参与性、过程性，它不是被发现而是被发明的。由此，意识形态也不可避免地具有多样性和相对性，但这与德育所追求的意识形态导向性是相违背的。导致意识形态差异的是认识框架，因而，德育的内容既不是输入的知识，也不是输出的意识形态，而是要让知识在头脑中产生意识形态结果的"认识框架"（认知结构），这种认识框架包含了知识，但不仅限于知识，包含了价值观，但也不仅限于价值观。而德育中所使用的各种教育方法，目的并不是让受教育者掌握指定的知识体系，也不是直接掌握意识形态，而是掌握意义建构的方法认知结构，即德育不仅是让学生学习具体的道德知识，而是让学生学习建构意义的方法，德育工作真正要教给学生的是认知结构。这需要德育工作者通过知识的普及和情感的体验，使学生认识、体验并最终掌握认知结构。当前，从认知结构的角度对德育内容的研究还不够，我们可以从知识体系中去总结、提炼认知结构，并通过教育影响学生建构意义的方法。

## 二、高等学校德育体系的场域建设

场域理论认为，人的每一个行动均被行动所发生的场域所影响。高等学校德育共同体的构建基于不同的场域，而此时的场域并非单指物理环境而言，也包括他人的行为，以及与此相连的许多因素，是一种具有相对独立性的社会空间。与德育环境的概念相比，德育场域更加具有社会性，更加重视德育活动中参与者的因素。在德育共同体中，人与人之间的联系比人与物之间的联系更加重要。因此，在基于德育共同体理念的高等学校德育体系中，有效德育场域的建设显得尤为重要。当前，高等学校德育场域的类型很多，有大的有小的，有现实的有虚拟的，有长期的有临时的，课堂、社团、活动都可以构成场域。与德育工作实际相结合，我们从现实与非现实、课堂与非课堂两大维度对场域进行划分，提出课堂、生活、网络三个场域概念。现实场域是传统的场域，非现实场域主要表现为网络场域。在现实场域中，课堂场域是传统的主渠道，非课堂场域则主要表现为生活场域。从德育工作的开展和学生存在的状况来考察，课堂、生活、网络三个场域具有较强的代表性，它们的并集基本构成了大学生存在场域的全集。

### （一）课堂德育：在课堂中习得

课堂是开展德育工作的主要场所，也一直被作为德育工作的主渠道，除思想政治理论课外，高校其他课程也同样承担着"课程思政"的任务，在学生德育教育中发挥着重要作用。近年来，高校在德育课堂上投入了大量的资源，但是总体的教学效果仍显不足。主要表现为将德育作为一种知识教育来开展，偏重理论知识的讲授。在教育过程中又偏重"说理"的教育方式，其组织方式又以大课堂、大报告为主。在德育效果的评价中，又以知识掌握为主，导致了一定程度的知行分离，造成学生参与性不强，德育的吸引力逐渐降低。然而，课堂只是开展德育工作的场域之一，并不天然地和"知识教育"等同，更不与"说教"等同。而传统认知中的定位于课外德育的日常思想政治工作，如"第二课堂"德育内容，也并非不能在课堂这一场域中开展。因而，丰富课堂这一德育主渠道的功能，增强课堂的德育效果，在未来高等学校德育工作中应发挥更加重要的作用。

丰富课堂德育功能，一方面要加大课堂德育的情境建构。借鉴情境认知理论及社会学习理论，未来的高校课堂中，在注重传授知识的同时，要发挥学生的主体性，发挥教师的主导性，创建德育课堂情境，通过给予学生课堂话语权，增强学生思想道德的情感体验，构建师生课堂德育情境关系，提升课堂德育的成效。另一方面要开展日常德育工作课程化探索，将日常思想教育、主题活动、素质提升等日常思想政治工作课堂化，提高整体德育工作的针对性、专业性和实效性。同时，也要积极探索将德育目标和德育内容整体地融入高校其他课程之中，促进"思政课程"向"课程思政"的转变。

### （二）生活德育：在生活中体悟

道德源于生活，存在于生活之中，而且为了生活，德育要回归生活世界，这是许多德育工作者的主张。随着社会生活日益丰富，大学校园的开放度也越来越高，学生的生活世界越来越成为德育工作在课堂之外的重要场域。道德与生活原本是一体的，道德的存在和意义取决于生活，德育的存在当然也是为了人的生活，生活德育论强调德育首先应使人热爱生活、体验生活，在真实的生活情境中养成德行，而非脱离现实生活，在虚无缥缈的世界中培养人的道德品质。它还强调人是生活中的人，是社会人，德育的过程就是使人回归社会生活的过程。因此，生活德育既是对现行德育脱离生活世界的反思，亦是对知性德育抽象化、概念化及不切实际的深刻批判。

简单地说，生活德育是从生活出发、在生活中进行并回到生活的德育。生活德育的具体范围很广，包含了爱的教育、理想和信念的教育、纪法的教育、人格的教育、政治的教育、民主的教育。德育起源于现实生活，生活中德育无处不在，它可以克服知性德育的单一和局限性，只有扎根于生活实践的德育理论才能被广泛认可。大学生的社会生活、校园生活越来越丰富，以生活德育为主题开展高等学校德育工作，不仅可以增强德育的效果，还可以充分利用各类生活场所、生活设施和基地资源。构建生活德育体系，有目的地创设指向生活的德育目标、源于生活的德育内容、渗入生活的德育过程、丰富生活的德育环境，营造生活气息浓厚的校园文化氛围，使大学生在生活中不断体悟，并获得全方位的成长。

（三）网络德育：向新领域延伸

时至今日，网络已经算不上是"新领域"，但德育对网络仍然存在许多不适应。如何将德育工作有效地而不只是形式地延伸到网络领域，是德育创新的重要课题。在传统的德育观念中，网络空间往往被归结为虚拟世界，但它实实在在地影响着现实世界中的人。当前，随着信息技术的突飞猛进，互联网已经遍布各个角落，人与人之间的连接通过网络已经突破了学校、区域乃至国界的限制。对德育工作而言，网络早已不再是一种技术，不再是一种虚拟空间，而是对大学生有着巨大影响力的场域。这种场域既是虚拟的，也是现实的。在网络场域中，充满了海量的文字、图像和影音，充满了知识、情感和意识形态，也形成了网络领袖、社区和利益团体。每一个连接网络的人，都通过网络的交互、交流，建构着自己的知识、认知和情感，进而影响自己的态度和行为。

在大学生中开展网络德育工作，其目的不仅仅是把现实世界中的道德观念搬到网络中去，规范大学生在网络世界中的行为，而是要通过网络这一特殊的场域，把现实世界和虚拟世界连接、贯通起来，影响在网络场域中的实际的人，构建他们的道德世界，进而指导他们的道德行为。换言之，网络德育关注的中心并不是网络，而是大学生。构建网络德育要做到四点：一是要提高信息技术的有效应用，加大信息传播力度，将德育知识向网络有效延伸；二是要积极构建有影响力的网络社区，增强与网络参与者的有效交互，争夺网络世界话语权；三是要积极培育网络意见领袖，提高德育工作者在网络中的影响力，夺取网络世界主导权；四是要加强线下大学生网络参与能力、辨别能力、分析能力、号召能力的培训和教育，壮大网络世界中我们的队伍，并最终构建一种贯通虚拟与现实的网络生态。

## 三、高等学校德育体系的路径选择

传统意义上的德育路径，主要是指德育工作的途径和方法，其基本含义是对学生开展德育工作时所选用的方法和渠道，比如，课堂教学、劳动与社会实践、课外活动和校外活动等。这种德育路径主要是从德育工作者的角度出发，沿着德育工作者开展工作的轨迹来考察的。在德育共同体语境下，"交互协同"的德育模式中，既然强调以学生为主体，就应该从学生的角度出发来考察德育路径，找出一条学生实现自我发展的路径，而不是德育工作者开展工作的路径。正如认知主义学者强调的那样，我们应当关注德育工作中学生的内部思维过程，沿着学生道德认知、道德情感、道德行为产生和发展的路径，即从学生道德的内在形成过程来考察。站在学生的角度，其道德是自我角色的定位与实现的过程中沉淀，在团体交往的过程中充实与调整，在实践过程中体悟、检验与修正的。因此，角色、团体、实践构成了德育的三条有效路径。

### （一）角色德育：在角色中历练

人是一切社会关系的总和，人的社会性本质就意味着人从自然人到社会人的进化是承担多种社会角色的结果。角色任务的完成过程就是在承担和扮演社会角色的过程中，通过对社会角色的认识和学习，由角色和情境的互动产生行为，并逐渐适应社会的过程。在高校中，大学生也因为成长、发展的需要，承担着多种不同性质、不同层次的角色，有些是大学生自我定位的，有些是学校和社会外在赋予的，这些角色都会给他们赋予不同的社会任务。运用角色理论，根据其不同角色开展有针对性的德育工作，帮助大学生完成角色的社会化，是提升高等学校德育工作有效性的有益尝试。以人为本的德育理念要求我们尊重和了解大学生的这些角色任务，注重大学生的个体性发展。

角色的社会化与大学生的其他社会化内容是密切联系在一起的。社会对不同角色的期待和要求，必然有着一整套与角色身份相对应的权利、义务、规范和行为模式。高校中的角色社会化就是大学生能够正确认识到社会角色所期待和要求的角色规范，掌握相应的知识和技能，遵守角色规范，拥有妥善处理角色冲突和矛盾的能力，以达到身心健康平衡发展的社会化过程，这也是高校的角色德育应有之义。学校作为社会情境的重要组成部分，同时作为教育实施的主体阵地，运用社会角色理论开展学校德育，针对大学生面临的不同角色任务，设置相应的德育侧重点，有针对性地满足大学生自我实现的需求，是提高德育有效性和实践性的积极探索和尝试之一。基于此，在探讨高等学校德育发展的新途径时，角色德育是指一种内化式的德育模式，是高校在培育人的过程中有意识地运用科学的、系统性的角色教育活动，对学生现在及将来要承担的社会角色进行引领和指导，帮助学生在角色实践中掌握角色规范、树立角色认同的德育模式。在具体的实施中，角色德育可以在大学新生始业教育、理想信念教育、爱国主义教育、党员培养、学生干部培养、就业指导、毕业生教育等各方面得到有效应用。

### （二）团队德育：在团队中成长

团体是大学生正式或非正式组织。在高校中，每个学生都归属于一个或多个团队。团队生活是高校学生生活的重要组成部分，团队日渐成为高校学生活动的主体力量，也日渐为德育工作的重要实现路径。团队不仅是学生交流思想、开阔视野、提升自我的平台，更可以成为高校开展德育工作的新阵地。高校的团队类型很多，既包括传统的班级、团支部、党支部、社团等正式团队，也包括兴趣小组、课程小组、实践团队等非正式团队，可以是长期存在的常设性团队，也可以是只存在于某段时间内的临时性团队，可以是既定的由学生角色本身自带的团队，也可能是为某一共同目标而创立的团队。高校中运用较多的团队德育工作有团体辅导、团体心理咨询、公正团体法等，但大多停留在对团队精神的培育、对各种团队内部的德育建设、团队在高校中的新发展等，对通过团队来建构高等学校德育体系的研究较少。团队德育正是致力于将德育工作融合到学生团队生活的路径之中。沿着这些路径，寻找德育在团队中的作用方式，分析团队在高校中的变化趋势以及它们对于个体道德行为的影响，关注团队在构成方式、活动方式及活动效果等方面的情况，最终为高校团队德育建立自己的逻辑框架，对应用的背景、遵循的原则、包含的要素等进行分析，从主体培育、情境营造、手段改进等角度进行具体的建构，建立起一个团队德育的新模型。在团队内部、团队之间以及各种形式的团队中，通过之前建构的各种要素相互作用，实现高等学校德育目标，让德育在团队中发展，学生在团队中成长。

### （三）实践德育：在实践中收获

实践是认识的来源，是推动认识发展的动力，也是检验认识的标准，具有认识世界、为主客体联系提供中介、检验已有认识、创造新的认识和物质世界的功能。在德育工作中，实践不仅是德育的有效手段，还为道德知识的内化、外化提供了转换的中介。德育的最终目的也是用理论去指导学生的实践，而不是掌握道德知识，所谓"士虽有学，而行为本焉"。实践贯穿于德育的全过程，并且在每一个环节都占据着重要地位。实践是道德养成的关键环节，沿着大学生实践的路径，建构高校实践德育体系，有利于提高高等学校德育的整体效果。当前，教育工作者对实践的重视程度是足够的，具体的实践形式也是丰富多彩的，教学实践、社会实践、志愿服务等大量实践活动在大学生中展开。比如，全国高校每年都会集中组织开展大学生暑期社会实践活动，各级组织还开展相应的评比和表彰，实践成果也非常丰富而具体。

实践必须与认识过程相结合，与成长过程相结合。当然，我们也应该看到学生实践德育还存在一些不足，主要表现为：实践设计缺乏理论支持，各相关部门之间统一协调不够，以分线组织为主，学生参与也相对分散、缺乏整体感；实践过程管理不强，存在一定的形式化、运动式、娱乐化等倾向；实践效果评价还不够规范，存在以展示效果为主评价等现象；实践的资源投入还不足以保证预期效果的实现，大学生所期待的实践和学校组织的实践之间还存在差距。这些问题不仅影响了实践活动的效果，而且也影响了大学生的全面发展。与其他德育模式相比，实践德育更有利于学生知行统一和德育效果的提高。当然，这并不是说要用实践德育去取代其他德育模式，而是突出实践的重要作用，将实践贯穿于德育设计、实施、评价的全过程之中，将实践这条德育的路径价值充分体现和发挥出来。

# 第三节　德育共同体：未来中国特色高等教育的新认知

## 一、高等学校德育发展的必然选择

### （一）德育的主体发生变化

随着高等学校德育的发展，德育的主体发生了重要的变化，逐渐由单一主体走向双主体乃至多元主体，这就为德育共同体的形成提供了重要保障。德育共同体的群体成员主要包括教师、学生、行政管理人员及服务人员。首先是教师群体，无论是专业教师还是德育教师主要承担着"教书育人"的任务，他们通过课堂德育和实践德育引导学生"立"政治品德、社会公德、职业道德和生活美德；"树"具有爱国报国情怀之人、具有社会责任感且堪担大任之人、具有创新创业精神之人。他们是实现德育目标的主要力量；其次是管理人员群体，主要包括学生管理人员、教学管理人员、网络管理人员、图书管理人员等，主要承担着"管理育人"的任务，他们通过团体德育、角色德育、网络德育等引导学生形成对规则的敬畏和对善的追求；再次是服务人员，主要包括学校的餐厅服务人员、宿舍服务人员、环卫服务人员、交通安全服务人员等，他们承担着"服务育人"的任务，主要通过生活德育等创造美好的校园生活环境，通过服务教育学生、感化学生，培养学生对美好生活的热爱；最后是学生群体，他们是实现德育目标的关键所在，是高等学校德育的对象，又是高等学校德育的重要主体，在高校他们承担着自我管理、自我教育和自我成长的重要任务。

## （二）德育的场域有所调整

场域调整是高等学校德育发展的必然结果。随着德育理论的成熟和互联网技术的发展，德育的场域由传统的以课堂为单一渠道的场域逐步走向融合了生活和网络等新的场域体系。德育共同体的场域体系主要包括课堂环境、生活环境、网络环境、社会环境、国家环境等等。他们通过构建和谐的德育环境发挥熏陶与塑造功能，使大学生自觉接受德育的内容，并主动内化为自身的道德品质与行为规范，外化为自身的行为习惯，进而实现高等学校德育的目标。首先，课堂是高等学校德育目标实现的最主要渠道。在课堂上，教师通过一定的教学手段将德育内容传授给学生，让学生在参与中受到熏陶和感化；其次，生活环境是高校需要重点建设的环境，是高等学校德育目标实现的重要渠道。通过让学生在真实的生活情境和体验中不知不觉地受到熏陶和感化，最终实现知识的内化、思想的升华、情感的共鸣和自我的全面发展；再次，网络环境是意识形态生成、传播和斗争的重要阵地，也是实现高等学校德育目标的重要阵地，是德育在新领域的延伸。高校要积极占领思想政治教育工作的制高点和重要阵地，积极开展网络德育工作；最后，社会环境和国家环境是立德树人根本任务实现的外部环境保障。这就需要全社会共同参与、共同努力，创建和谐、有序、文明的社会环境和富强、民主、安全的国家环境。

## （三）德育的路径有待优化

随着德育对象的变化和德育场域的调整，德育的路径也要有相应的优化。德育的路径是实现德育目标的纽带和桥梁，也是德育共同体的媒介体系，主要包含德育的目标、内容、途径、方法等。首先，德育的目标是为了培养具有高尚品德的社会主义建设者和接班人，最根本的还是为了培养"全面发展的人"。其次，德育的内容主要包括以政治教育、思想教育、道德教育、纪法教育、心理健康教育等为主的"知识体系"和以生命教育、生存教育和生活教育为主的"生活体系"两个层面。尤其在新时期，高等学校德育的内容更应该为大学生提供"什么是正确的生活"这个问题的答案，根据时代的发展和大学生的特点突出生命的可贵性、生存的现实性和生活的多样性，并选取与之相适应的德育内容。最后，德育的途径、方法主要包括以"教人"为主的开设思想政治理论课程、教学过程中的教书育人、开展社会实践活动、党团组织和班集体活动等和以"化人"为主的通过文化来承载德育、用文化来催生德行的方式，强调全方位全过程的育人。

# 二、高等学校德育共同体的时代使命

在新的历史时期，多元文化的碰撞和意识形态的渗透对高等学校德育工作具有较大的冲击，实现中华民族伟大复兴需要进一步强化大学生的政治认同和价值认同。如何强化政治认同和价值认同，有效地整合资源，优化资源配置，创新协同机制，构建中国特色世界一流的高等学校德育工作体系，既是实现"立德树人"根本任务的迫切要求，也是德育共同体最为重要的时代使命。

## （一）面向"两个一百年"的系统工程

中国特色世界一流的高等学校德育体系是面向"两个一百年"的系统工程。"两个一百年"的奋斗目标，与中国梦一起，是引领中国前行的时代号召。社会主义现代化强国目标的实现离不开教育的现代化，尤其是高等教育的现代化。因此，当前高等教育的重要任务就是深化高等教育改革，加快建设中国特色现代大学制度。高等教育的最终目的并不仅仅是办好一所学校，或者培养社会所需要的某种人才，而是要进一步落实立德树人的根本任务，将其融入实现"两个一百年"目标和"中国梦"的历史进程中。这就要求高校的德育工作必须扎实推动中国特色社会主义高等学校德育体系建设，进一步深化以马克思主义作为指导思想的理论内涵和外延的研究和建设，牢牢占领高校意识形态主阵地，不断增强大学生的道路自信、理论自信、制度自信和文化自信，将社会主义核心价值观带进课堂、带入学生头脑，培养大学生的家国情怀和社会责任，创立一个人人追求"善业"的美好的世界。

## （二）坚持"四个正确认识"的科学判断

中国特色高等学校德育工作体系要将"四个正确认识"（正确认识世界和中国发展大势；正确认识中国特色和国际比较；正确认识时代责任和历史使命；正确认识远大抱负和脚踏实地）作为切入点。正确认识世界和中国发展大势是从全球视野和社会历史的角度来分析局势；正确认识中国特色和国际比较是从本土情怀和民族国家的视角来比对判断；正确认识时代责任和历史使命是从历史所托和当下所需的角度来肩负重任；正确认识远大抱负和脚踏实地是从人生价值和知行合一的角度来阐释路径。

正确认识世界和中国发展大势是高等学校德育工作的航标。世界和中国发展的大势就是"两个必然"，即人类社会发展的必然性和中国特色社会主义发展的必然性。高等学校德育工作就是要旗帜鲜明，坚持马克思主义为指导的中国发展大势，以社会主义核心价值观为主要内容，不断树立为共产主义远大理想和中国特色社会主义共同理想而奋斗的信念和信心。

正确认识中国特色和国际比较是高等学校德育工作的基石。经济的全球化带动了文化的全球化、教育的全球化，当今世界的发展已经离不开中国，中国的发展同时也离不开世界，高等学校德育工作就是要引导学生充分认识中国特色社会主义的优越性，增强大学生中国特色社会主义道路自信、理论自信、制度自信、文化自信。同时要培养大学生的国际视野和辩证思维，以理性客观的态度看待问题、认知世界。

正确认识时代责任和历史使命是高等学校德育工作的重要指南。正确认识时代责任和历史使命最主要的就是要认清当前中国的建设目标，即实现中华民族的伟大复兴。因此，高等学校德育要根植于改革开放的伟大实践，以学生为主体，坚持价值引领，创新方式方法，营造德育氛围，不断增强德育工作的吸引力和感染力，使得大学生将社会主义核心价值观内化为自我的道德修养，外化为将个人理想追求融入国家和民族的事业中的切实行动。

正确认识远大抱负和脚踏实地是高等学校德育工作的引擎。正确认识远大抱负和脚踏实地就是要引导学生树立实现中华民族伟大复兴的理想，但同时也要将理想付诸行动，自觉将爱国之情、报国之志转化为勤学钻研之行、报国奉献之行。对此，高等学校德育工作要引导青年学生，坚持把理想树立在建设祖国的大地上，把梦想放飞在民族进步的进程中，坚持理论联系实际，理想结合实践，在奋斗中实现人生的伟大志向，实现民族的伟大复兴。

### （三）立足中国本土的德育解决方案

立足中国本土的高等学校德育解决方案要做到四点：一是要在大学办学方向上，坚持社会主义办学方向，扎根中国大地办中国特色的社会主义大学，这就要求要坚持中国共产党的领导，提出建设世界一流大学的"中国方案"，形成建设世界一流大学的"中国经验"，走出一条世界一流大学建设的"中国道路"；二是在大学治理模式上，不同于美国的董事会领导下的校长负责制，不同于英国的学院制，也不同于法国的校务委员会领导下的校长负责制，而是要坚持和发展党委领导下的校长负责制，这是中国特色社会主义大学制度的核心内容；三是在人才培养目标上，坚持"立德树人"根本任务，培养德才兼备、又红又专的社会主义建设者和接班人，积极发掘和弘扬中华优秀传统文化，自觉抵御错误思潮的渗透和侵蚀，开展社会主义核心价值观教育；四是在育人方式上，坚持全员、全过程、全方位的育人模式，实施"共同体"育人，促进大学生全面健康发展。

# 第三章　高等学校德育理念与管理创新

## 第一节　高等学校德育理念的创新

### 一、高等学校德育理念创新

德育理念创新指人们对德育认知态度、指导思想和基本思路等所进行的创新。德育理念创新的前提和基础是坚持"以人为本"的思想，承认并尊重学生在思想政治教育过程中的主体地位，重视学生作为个体的内心认同、思想接受等的主体能动反映，把塑造学生的健康人格、实现学生的全面和谐发展作为德育的根本出发点。多年来，我们在德育方面所形成的理念形态，是在计划经济体制的客观实践基础上产生的，迈入 21 世纪，我国高等学校德育的外部环境和教育对象都在发生很大变化，伴随社会实践的重大变化，作为意识形态领域里的高等学校德育，在继承优良传统基础上，必然要不断进行创新，以真正实现育人之功用。

#### （一）树立"以人为本"的德育理念

传统的德育往往没有充分考虑人的独立个性和内在需求等因素，站在居高临下的位置，进行呆板的说教，过于"规范"，过于封闭，缺少应有的人文关怀、平等交流和自我教育。这种观念已远远不能适应现在高等学校德育实际，与学生道德心理发展现实存在很大差距。因此，德育创新，首先要树立"以人为本"的德育理念，把人作为德育的主体和根本，把人的发展作为德育的根本出发点，充分认识和把握人的本性，充分引导和满足人的正当欲望，善于理解和把握人心，最终赢得人心，取得人的信任和教育的主动权。也就是真正实现"以人为本"这一现代教育的基本价值观，解决人的精神激励、灵魂塑造和品格提升问题。

"以人为本"是德育理念的本质内容，是加强和改进高等学校德育的核心思想。坚持"以人为本"的德育理念，根本目的在于对人性的唤醒和尊重，最广泛地调动人的积极因素，最充分地激发人的创造活力，最大限度地发挥人的主观能动性。强调"以人为本"就是强调学生的主体地位。这里有四层含义：

一是德育工作者要充分认识到自身工作的重要性，增强使命感和责任感，在教育教学过程中使自己的道德素养不断提升。二是德育工作者要全方位关心、爱护学生，充分尊重学生，促进学生人格的完善及道德终极价值关怀的实现。传统的德育目标是纠正学生思想、行为上的偏差，起到教育、规范的作用，而"以人为本"的德育新理念强调学生具有自身的尊严和人格，重视情感因素的作用。三是德育的根本目的是学生的成长，为了学生的成人成才。高等学校德育要立足于为学生的成才与发展服务，把服务学生放在首位。德育方式要由过去的被动灌输型转变为主动吸引型，要充分发挥学生的主体性、能动性和创造性。德育工作者要深入学生中，和学生广交朋友，了解他们的所思所想，及时加以引导，针对学生思想需求和变化开展教育，甘当学生成才的服务者。四是德育工作者要把大学生德育工作做好，必须把大学生内在的积极性和主动性调动起来，努力使德育成为大学生内在的强烈要求，把德育做到大学生的心里去。

## （二）树立系统规划、整体推进的德育理念

当前要做好德育工作不仅要靠思想政治教育工作队伍，还要靠全体教职工；不仅要靠课堂，还要靠课外；不仅要靠高校，还要靠社会、家庭的大力支持和参与。这里就提出了一个系统规划和整体推进的理念。

高等学校德育是一项系统工程，应该形成全员育人格局。所谓"全员"就是要在强调对学生加强教育的同时，注重教师的人格形象。高尚的人格形象，能起到情感沟通、形象净化、行为示范等作用。高校的教职员工在进行教书育人、服务育人、管理育人的同时，要以其高尚的思想道德、良好的行为规范、严谨的治学态度对学生起到耳濡目染、潜移默化的作用。传统的德育教育，主要靠思想政治理论课教师、班主任或辅导员、政工干部三支队伍，这是德育的骨干力量，但这是远远不够的。为此，就必须做到全员育人，并处理好全员与德育专职队伍的关系。一方面，德育专职队伍必须依靠全员的渗透作用才能使德育和其他各方面相结合，同时，依靠专职队伍的带动和指导，才能提高德育的深度和针对性；另一方面，只有提高了全员育人的认识程度，充分发挥全员育人的积极性、主动性，才能使德育变得生动具体。在全员育人的过程中，要使每一名教职工明确自己所肩负的德育使命，形成统一的教育思想，言传身教，创造一种德育环境，用这种氛围影响学生。

高等学校德育是一项整体工程。首先，它需要党委统一领导，党政工团齐抓共管。德育存在相互作用和相互依存的要素，包括学校的宣传、学生工作、后勤、组织、人事、教学等部门，也包括一线教师和广大学生。其次，大学德育工作受到中小学德育工作的影响，更受到社会大环境的影响，是与中小学德育、整个社会大环境相互作用的。从横向上看，学校只是德育工作中的一个环节，家庭、社会在德育工作中具有重要作用。因此，必

须努力形成学校、家庭和社会相互配合的工作格局，系统规划，整体推进，保证德育的效果。从纵向上看，青年思想道德素质的培养是一个动态的过程，德育工作也是一个动态发展的过程。在系统规划方面，高等学校德育还要重视与中小学德育的衔接，防止各个阶段教育的脱节。尤其是要加强研究，准确把握教育规律，了解不同教育阶段学生的身心特点、思想实际和理解接受能力，充分体现科学性、循序渐进的要求，科学地设置德育课程，从而使学校德育更具科学性和针对性。

### （三）树立实践育人的德育理念

实践是人们能动地改造和探索现实世界的一切社会性的客观物质活动。只有通过实践才能"知行合一"，促进理论学习向内在品质的转化。所谓"实践出真知"表明了实践对于人们形成正确的认识有举足轻重的作用。树立德育实践观，就是要求我们在德育中高度重视实践育人的作用，切实加强德育的实践性，使学生在德育的实践中自己得出正确的结论并逐步养成正确的行为规范和优良品格。社会实践具有以下德育价值：

第一，社会实践是政治和道德知识的检验场，是强化政治和道德认识的途径。社会实践有助于学生进一步明确真、善、美与假、恶、丑的标准；有助于学生把自己与他人进行适当的比较，从而为自己找到合理的评价参照系，体悟到社会对自己的殷切期望；有助于将所学到的道德知识运用于实践。在实践中，学生面临着复杂的行为选择、评价，所掌握的知识理论可以逐步实现创造性转化，变成高超的智慧和良好的日常习惯，形成积极的社会适应性。

第二，社会实践是高等学校德育所传导的积极精神的重要载体。实践教育的最直接结果是逐步培养起学生的实践观念。实践活动有利于培养学生热爱劳动、热爱劳动人民、珍惜劳动成果的思想感情；有利于培养学生的创新精神，吃苦耐劳的作风，协作观念、全局意识和奉献精神，劳动纪律意识及艰苦创业、勤俭节约的优良品质等。

第三，社会实践是学生获得道德体验的主要方式。学生可以通过社会实践体验劳动过程的复杂艰辛，体验劳动取得成果时的喜悦，体验劳动的社会意义和个体价值，体验劳动过程中人际和谐、团队合作的必要性，体验劳动过程中的科学精神、创新意识对于社会发展的重要意义。

第四，社会实践是学生通向社会的桥梁，是个体适应社会角色的途径。社会实践作为人的社会化的重要途径，在促进高等教育与未来社会发展相适应，以及在有限的学校教育里使学生逐步完成社会角色的转变方面，发挥着十分重要的作用。

因此，高校要加强实践环节，通过让大学生广泛参与社会实践，增强大学生的道德体验，从而促进其道德养成和基本素质的提高。

### （四）树立开放性的德育理念

当今世界是开放的世界，而德育教育则是面向世界的开放的教育。当前德育教育应从全人类的共同利益出发，强调人类的共同发展和共同进步，要注重培养人的开放意识及竞争合作精神。跨入 21 世纪以来，国际政治经济形势比较复杂，现代科学技术突飞猛进，人们的理想和信念也面临着新的挑战，在此情况下，高等学校德育必须深入社会生活实际，必须适应我国社会的发展要求，以增强其实效性。

树立开放性的德育观念，必须扩大德育的视野。高等学校德育必须从政治的高度，从全面实现小康社会目标的高度，深入开展社会主义、爱国主义、集体主义教育。要坚持科学发展观，坚持"以人为本"，促进和谐社会建设。要努力克服当前高等学校德育中的封闭性，拓宽思路，在德育目标、内容、方法方面都要增强开放性，以促进学生个性的发展和德育教育的实效。

德育创新是高校素质教育的灵魂，德育理念的创新是高等学校德育创新的灵魂。通过理念创新推动内容、方法、环境、机制等其他方面的创新，不断在实践中探索前进，这是不断推进大学生德育的长久之道。高等学校德育工作者只有坚持解放思想，实事求是，与时俱进，以发展的眼光审视高等学校德育，以扎实的工作推动高等学校德育，坚持树立"以人为本"的德育理念、系统规划和整体推进的德育理念、实践育人的德育理念、开放性的德育理念，并且把这些德育理念不断地落实体现到德育实践中，德育才能真正地与时俱进并不断发展。

## 二、高等学校德育内容创新

现代德育包括政治教育、思想教育、道德教育、纪法教育和心理教育等内容。内容的创新主要体现为思想政治教育与人才成长教育的统一，思想政治教育与人文精神培育的统一，思想政治教育与学生个性发展的统一，主旋律教育与审美观教育的统一。处于心智发展高峰期的大学生兴趣广泛，精力旺盛，充满了对知识和信息的渴求，但凭借他们自身的理论水平和分析能力无法对获得的各种各样的知识和信息进行有效梳理和整合，因而需要教师的帮助和指导。这就要求高等学校德育要与时俱进，要注重教育内容的科学性与伦理性、政治性与历史性、民族性与世界性的有机结合，培养学生的诚信意识、效率意识、合作意识、竞争意识和创新意识等，从而帮助学生树立正确的道德观、人生观、价值观和世界观。

### （一）德育内容与建设社会主义核心价值体系相适应

社会主义核心价值体系作为意识形态的精神产品，对于提高人们的思想水平、精神境界、道德情操以及人格的完善和主体性的提升都有着重大的促进意义。

### 1. 引导学生树立正确的世界观和方法论

当代大学生是伴随改革开放成长起来的，他们切身感受到中国特色社会主义理论体系在实践中的巨大指导作用，因而学起来有着一定的实践和感受基础。其中特别强调开展中国特色社会主义理论体系的立场、观点和方法教育。中国特色社会主义理论体系充满了唯物论和辩证法，是大学生树立正确的立场、观点和方法的有力思想武器。当代大学生认知方式偏重直观化。直观式的认知方式是认识主体在认识客观世界过程中的一种非理性因素的作用，这种非理性的认识很可能导致认识主体对事物的片面认识，陷入盲目性。另外，当代大学生个体意识也日益强烈，他们在认知、意志、情感等方面更注重自己意识的独立性，不人云亦云，随波逐流，然而个体意识的负强化会带来对事物分析判断及实践中的偏执。大学生的思想特点充分印证了必须加强对大学生的马克思主义立场、观点、方法教育，以提高他们分析问题和解决问题的能力。

### 2. 培养学生的民族精神和时代精神

以爱国主义为核心的民族精神和以改革创新为核心的时代精神，是社会主义核心价值体系的精髓，也是我们开展思想政治教育的重要内容。对民族精神的教育要系统地而不是零散地、全面地而不是片面地、连续地而不是间断地开展鲜活、生动、深刻的教育，使大学生从中汲取营养，培养民族自豪感和自信心。同时，培养大学生以改革创新为核心的时代精神，不断培养创新的优秀品格。创新不仅是一种思维和能力的表征，同时也蕴含了世界观、方法论和思想品德。将创新纳入德育内容体系本身就是一个创新，鼓励大学生在坚定中国特色社会主义理想信念的基础上，主动学习、处理和运用新知识、新信息，尤其是要瞄准那些富于时代特征、代表历史发展趋势、具有强大生命力的事物，努力使思想与时代发展同步，从而在不断创新过程中历练大学生的时代精神。

### 3. 教育学生树立以社会主义荣辱观为主要内容的社会主义道德观

社会主义荣辱观是社会主义核心价值体系的道德基础。社会主义荣辱观作为社会主义核心价值体系的重要组成部分，体现了社会主义的价值导向，同时也规定了社会道德行为的价值标准与评价尺度。高校要切实把社会主义荣辱观教育作为学生思想道德建设的重要内容。这里要培养大学生三种意识。一是培养道德责任意识。道德责任体现社会性和个体性两个层面。道德责任的社会性即是道德主体的道德品行要对整个社会负责，以自身高尚的德行换得他人的快乐和社会的和谐；道德责任的个体性即是道德主体个人对自身负责，这是完善人性、提升人格、追求幸福的需要。二是培养道德自律意识。道德自律的特征是道德主体将外在约束转换成主体自身的意志约束，使主体为自己立法，自觉践行社会的道德要求。三是培养道德践行意识。社会主义荣辱观本身是一种道德价值形态，它是人们以荣辱评价的方式进行社会调节的规范手段和人自我完善的一种实践精神。为培养这三种意识，教育教学活动要针对学生的思想特点，注重内容与形式的统一、理论与实践的统一，有效发挥课堂教学的主阵地、主渠道作用，引导大学生在实践中身体力行，将荣辱观的道理外化为高尚的行为，并养成一种良好的行为习惯，做到从他律向自律的转化。

## （二）德育内容创新应与德育工作的实际相适应

随着社会的发展、经济和社会的变革，高等学校德育的内容必须随着时代的发展而不断地推陈出新。首先，高等学校德育的内容要增加科技知识含量。在知识经济时代，现代科学技术知识的普及和应用可以与德育相辅相成，有效地增强德育的现代化与科学化，帮助学生远离各种愚昧，树立辩证唯物主义世界观。其次，高等学校德育的内容也要解放思想，实事求是。对于外来文化与道德，要敢于取其精华，为我所用，去其糟粕。同时，对于我国传统的道德与文化，也要敢于推陈出新，不断进行完善和补充。高等学校德育内容只有与时俱进，体现时代特征，才能收到理想的效果。再次，高等学校德育内容要从大学生的思想实际出发，避免空泛的道德说教，应针对现代学生的思想特征、情感和行为特征，紧密联系国际环境和国内改革开放的实际，讲实话，讲心里话，既以理服人，又以情感人。

### 1. 重视文化素质教育

文化不仅是社会伦理的构成要素和支撑杠杆，而且也是社会道德的构成要素和支撑杠杆。高层次的道德感和社会责任感主要依靠文化的积淀。文化是一种精神富有，是一种从内心深处流淌的思想，是人必不可少的基本素质。没有坚实的文化积累、开阔的文化视野、深厚的文化素养，即使足够聪明，也不是大智慧，成不了大器。道德需要文化的滋养，教育需要文化的烘托。因此，要按照全面推进素质教育要求，确立文化素质的基础地位，将文化素质教育思想落实到人才培养的全过程，促进科学教育与人文教育的融合，使大学生获得整体全面的发展。

### 2. 重视创新精神教育

高校是培养高素质人才的摇篮，也是知识创新的重要基地。重视和培养大学生的创新精神和创新能力，开展创新活动，对全面推进素质教育和科教兴国战略，具有重要的现实意义和深远的历史意义。首先，创新教育是贯彻党的教育方针，培养高科技人才的需要。高校要把培养大学生的创新意识、创新精神和创新能力作为自己重要的工作目标，为培养创新人才提供更为宽松的成长环境。其次，创新教育是迎接知识经济和新科技革命的需要。发展知识经济，推动新科技革命的迅速发展，就必须依靠科技创新，依靠创新人才，这一时代任务必然落在创新教育的肩上。知识经济呼唤创新教育，已成为世界各国发展经济的战略共识。再次，实施创新教育是全面推进素质教育的重要突破口。通过创新教育活动，发展和培养学生的创造性思维能力、科学能力、实践能力、自主学习的品质、创新开拓的意识等，是促使应试教育向素质教育转轨的重要举措。

### 3. 重视竞争意识教育

在社会主义市场经济条件下，竞争已渗透到社会生活的各个领域，高校大学生们也面临各种竞争问题，如何以正确的竞争意识参与到激烈的竞争中，实现竞争对社会有利的方面同时规避竞争带来的不利方面，维持整个校园乃至社会的和谐和进步是一个不容忽视的问题。因此，大学生要正确认识竞争、树立正确的竞争意识。当代大学生应该在学习生活中树立积极进取、永不自满、敢为人先、勇于竞争的积极有为新观念，努力克服自卑心理，在竞争面前不要恐惧逃避，要勇敢地参与其中，在竞争中展现自己的能力，进一步发掘自身的潜力。首先，大学生在参与竞争之前，对自己的能力和弱点要进行全盘扫描、充分认识，在此基础上对自己有一个合理的定位，确定符合自身实际情况的竞争目标。其次，要在各种竞争面前抱着积极的心态。大学生在校期间，有很多参与竞争的机会，各种演讲比赛、辩论赛、运动会、知识竞赛、创业大赛等都在全国高校如火如荼地开展，给当代大学生提供了很多参与竞争、展示才华的好机会，在校大学生应当珍惜这些机会，积极参与其中，享受竞争的过程，总结成功失败的经验教训，逐渐提高自己的心理承受能力，从而使自己在今后的学习生活中心态更加成熟稳定，行为更加理性。

### 4. 重视心理健康教育

社会发展，竞争加剧，大学生心理问题日益突出。心理健康教育应侧重于学生客观的自我评价、良好的情绪调控能力、坚强的意志品质、积极进取的人生态度、健全的人格特征、和谐相处的交往能力、良好的心理调适能力和社会适应能力。要根据大学生身心发展特点和教育规律，注重培养学生的自尊、自爱、自律、自强的优良品格，增强克服困难、经受考验、承受挫折的能力。要制订心理健康教育计划，确定教育内容方法，建立健全专门机构，积极开展心理健康教育和心理咨询辅导，引导大学生健康成长。

## 三、以人为本高等学校德育理念的创新建构

高等学校德育理念不仅是一个观念或理论上的问题，更是一个具体实践问题。因为理论终究要回归实践，并接受实践这个唯一标准的检验。对高等学校德育理念的创新建构，不是对传统德育的简单抛弃，而是在继承基础上的新探索，在反思基础上的积极扬弃与超

越、提升。高校以人为本德育理念的创新建构，实质上就是通过对传统德育的继承和新探索，在思想、理论与实践层面切实体现以人为本，真正使以人为本这一理念成为德育思维的根本性逻辑支点，成为德育实践的根本原则与方法的灵魂。

## （一）牢固确立为了学生与依靠学生相统一的观念

在人类发展的历史长河中，人始终是科技发展、社会进步的主人与目的，更是世界发展的动力与灵魂，"以人为本"的理念正是这一思想的重要体现。"以人为本"不仅回答了为什么发展，即发展"为了谁"的问题，而且也回答了怎样发展，即发展"依靠谁"的问题。它主张人不仅是发展的根本目的，也是发展的根本动力，并认为只有二者的有机统一，才能构成以人为本的完整内容。因此，高校建构以人为本的德育理念，首先就要在指导思想上牢固确立"为了学生"与"依靠学生"相统一的观念。

### 1. 一切为了学生

以人为本高等学校德育理念的根本含义是以人为中心，一切为了学生，一切依靠人学生。其中更为根本的是一切为了学生。因此，在高等学校德育中坚持以人为本首先在思想上就要认识到，大学生是高等学校德育发展的本质目的，高等学校德育的发展就是"一切为了学生""为了一切学生""为了学生的一切"。这就要切实做到：

第一，将学生的成长成才作为高等学校德育的出发点和归宿，把关爱学生作为德育工作的基础，合理利用学校的有效资源做好德育工作。

第二，在课堂教学中建立师生双方的互动模式，改变过去教师单向知识灌输的理念，切实尊重学生的情感、需要，尊重学生的个性与主体性需求，注重学生对德育知识的内化与吸收，切实调动学生的学习积极性，提高学生的德育实践能力，从而达到德育知识的融会贯通，并能自觉做到学以致用。

第三，更加关注大学生自身价值的实现与社会的归属感，尊重、重视每一位大学生正当的利益需要与人格尊严，要积极为优秀学生、学生干部及学生党员创造有利条件，保障他们更好地成长与成才，对高校中家庭经济困难的学生，给予情感的关怀与真诚的帮助，帮助他们建立起自信，对那些存在潜在心理问题的学生，给予重点的关注，予以适当、积极的引导，让他们更加健康地成长。

第四，树立全方位育人的理念，切实为大学生营造良好的环境与获得全方位培养的氛围，通过创造性地开展一些体验式课堂教学、素质拓展游戏、进行主旋律教育等丰富多彩的活动，让大学生在提高能力的同时，达到形成良好的道德素养与行为习惯的目的。

第五，通过学风建设、班级和宿舍的日常管理，通过鼓励大学生对各种实践活动的积极参与，培养他们的协作精神、创新精神与科研能力；通过个人或团体的方式，对大学生进行必要的辅导，帮助学生较好地完成自我认知，做好自己的职业生涯规划，从而切实减轻学生面对严峻的就业压力所产生的心理负担，从而以满腔的热情投身到社会主义和谐社会的建设，更加自信与欢快地迎接美好的明天。如此，方能切实提高高等学校德育教育的针对性与实效性。

### 2. 自觉将外在要求转化为内在需要

"为了学生"是以人为本高等学校德育理念的价值追求，而"为了学生"必须建立在"依靠学生"的基础之上。因为"依靠学生"是真正实现以人为本的力量源泉与动力之源。因此，以人为本高等学校德育理念的建构并取得实效，归根到底还得要靠大学生自身的努力，通过大学生积极性、主动性和创造性的充分调动与积极发挥，才能在观念上实现大学生由高等学校德育的客体到主体的转变。即转变工具论的德育功能观，尊重大学生作为"人"的本质特征，切实把学生看作高等学校德育工作的主体，认识到学生具有高度的独立性、自主性、能动性、创造性与主体性，尊重学生的需要、自由、尊严与终极价值，尊重学生自主话语权、取向权与选择权，不断造就学生新的需要、能力、素质、行为与活动方式，培养学生的主体意识与审美情趣，丰富学生的经验与学识，发挥学生的潜能，提高学生的实践能力，塑造学生高尚品德与良好品质。充分发挥大学生的主观能动性，发挥他们的自我教育作用，通过他们学习能力、思维能力、判断能力、实践能力与创新能力的不断提高，让学生自己教育自己、自己塑造自己，并通过同学之间的相互教育，达到彼此的互动与互助。如此，学生方能逐步与教育者产生情感的共鸣，自觉、主动地用理性去衡量与解决各种矛盾与冲突，自觉树立起与时俱进的时代精神，养成良好的道德品质，积极培养自身高尚的道德情操，真正将德育知识外在的"占有"上升到对德育本真的内在"获得"。只有努力发挥大学生自身的作用，通过他们自身的自我教育与自我完善，他们才能切身感受到以人为本高等学校德育理念中"为了学生"的本质内涵，并通过积极的行动落实，达到大学生自身素质的提高，实现自我价值，从而使以人为本的高等学校德育真正取得事半功倍的功效。

### （二）坚持大学生个人价值与社会价值的统一

### 1. 凸显大学生的个人价值

人们的社会历史始终只是他们的个体发展的历史，而不管他们是否意识到这一点，首先应当避免重新把"社会"当作抽象的东西同个人对立起来。人是社会的存在物，因此，高等学校德育要以人为本，首先就要凸显大学生的个人价值，满足大学生的个人需要。著名科学家爱因斯坦也认为，学校"应当发展年轻人中那些有益于公共福利的品质和才能。但这并不是意味着个性应当消灭，而个人只变成一只蜜蜂或蚂蚁那样仅仅是社会的一种工具。因为一个由没有个人独创性和个人志愿的规格统一的个人组成的社会，将是一个没有发展可能的不幸的社会。相反，学校的目标应当是培养有独立行动和独立思考的个人"。大学生个性的发展，个人利益的满足，是国家、社会创新发展的一个重要条件。确立以人为本的高等学校德育理念，就要在价值追求上，既着眼于社会整体利益的满足，更重视学生个体利益的实现，既满足学生的现实需要，更立足于学生未来发展、需要的满足。当代中国教育价值取向上强调教育的社会工具价值，经常以牺牲大学生正当利益与正当价值为代价，去片面迎合社会利益的需求，无视大学生个性的发展与个人利益的需要，具有一种明显的"目中无人"与"实用工具化"的倾向。这严重挫伤了高等学校德育的可信度，遭遇了大学生内心世界的拒绝，造成了高等学校德育的收效甚微。因此，确立以人为本的高等学校德育理念，就要在价值追求上，贴近学生生活，贴近学生实际，贴近学生思想，不断满足大学生在学习、生活、心理、就业等现实的利益与需求。只有达到社会价值与大学生人性的相通，正视大学生的个人利益，最大限度地满足大学生最直接、最现实、最关心的现实利益需求，最大限度地实现大学生的个人价值与幸福美好的愿望，才能确保以人为本高等学校德育的可接受性，使高等学校德育更具可信度与亲和力，从而为大学生谋求到一个更好的生存发展，并能自觉、主动去为社会、集体利益做出更大的贡献。

### 2. 做到个人利益与社会责任的有机统一

以人为本不仅肯定人的发展完善的最终目的性，而且肯定社会的发展是人发展的条件与基础。如果一所高校真正把人放在第一位了，取得的一流成果多了，培养人的举措对路了，对科学、对社会、对国家的贡献就大了。它培养的学生在国内外更受欢迎，并获得杰出的成就，那么，这所高校距一流的目标就更近了。因此，高等教育包括高等学校德育要取得积极进展，离不开对大学生个人的培养，更离不开对社会、对国家的责任。而当下的很多年轻人，却在自身权利不断得到满足的同时，遗忘了对社会的义务。这给高等学校德育的开展带来了一定的困难。其实，个人为社会做贡献，可以促进社会的整体进步，从而最终达到个人利益的满足。因为国家与社会的整体利益，正是个人现实或长远利益的反映，并且，个人只有融入国家与社会之中，才能更好地生存与发展，才能真正有所作为，达到自我利益与价值的最终实现。

# 第二节 高等学校德育管理的创新

随着经济社会的发展和社会价值观、道德观的不断变化和发展，社会和国家对人才的定义和要求也不断发展。传统意义上的人才已经不再完全适应现代社会的需要。德育在教育过程中的作用越发凸显，德育已经成为衡量高校教育成功与否的重要标准。因此，我们必须明确高等学校德育的工作目标和任务，转变现有的德育工作观念，增强德育的实效性，为实现全面人才的培养打下坚实的思想基础。另外，德育也是高校教育的重要内容，在各种时代问题和社会冲击的情况下，德育已经逐渐超越专业知识的培养，也逐渐受到社会各界的重视和关注。德育管理就是根据时代形势需要和受教育者的身心发展需要，对德育工作的资源、制度、形式等组织协调和优化管理的过程。高校的德育工作，是现代德育管理的重要内容，受到了社会各界的广泛关注，是保证大学生形成良好思想品德和高尚道德情操的重要手段，对于大学生的健康成长具有相当重要的作用。大学生是国家和社会发展的中坚力量，保障大学生的德育活动意义重大。

## 一、高等学校德育管理人本化的内涵

高等学校德育管理人本化应该以对人的深刻理解和研究为出发点，在德育目标中体现人文关怀，在德育过程中贯彻人本理念，建立一支人本化的德育管理队伍，形成德育合力，增强德育实效性，以实现育人的目标。高等学校德育管理的人本化思想主要体现在以下四个方面：

### （一）以育人为目标的管理

任何管理活动都要有明确的目标。有明确的目标，才可能进行有效的管理。德育管理，与其他管理活动不同。德育管理是以形成和发展受教育者的思想品德为目标的。这一目标是德育管理过程所特有的，是不能替代的。高等学校德育管理的基本任务：一方面是帮助受教育者正确地认识和确定自己的社会角色，明确自己的社会责任感，理解和遵守各种社会规范，学习和接受社会行为模式，适应社会，取得社会成员资格，不断实现个体社会化；另一方面，德育管理还必须促进受教育者自身的全面发展，充分地发挥人的主体能动性。人本化德育管理不是限制人、压抑人，不是阻碍人的思想解放、思想创造，与此相反，是鼓励人、支持人，是促进思想解放、改革创新，为社会主义建设事业培养建设者、接班人的实践活动。德育管理的这两个方面是不可分割的，个体社会化是前提，是外在表现；个性化又是基础，是内在要求。两者相辅相成，高等学校德育管理的人本化，就是要把这两个方面高度融合、完善发展起来。

### （二）主客体管理系统相结合

德育管理系统由主体管理系统和客体管理系统构成，由于组成要素主要是人，在高等院校的德育管理活动就包括两个内容：一是对被管理者进行管理；二是对管理者进行自我管理。在现代社会，每个人要成为与社会协调发展和对社会有益的人，就必须接受一定组织的管理。没有管理，社会就不能有序、和谐地发展。在高校里，无论他是受教育者还是教育者，都要接受学校组织的管理。每个受教育者和教育者都有其特定的角色。受教育者是德育管理的客体，服从德育管理者的同时，又具有主体能动性。这种主体能动性不仅表现在认识、改造客观世界方面，还表现在对德育管理主体的作用方面。从事德育管理的教育者，是德育管理的主体，是德育管理活动中的引导者和控制者。但是他们也有接受管理的义务。因此，在高等学校德育管理系统中，没有绝对的教育者，也没有绝对的被教育者。这种主客体在一定条件下的相互转化，对教育者提出了更高的要求，那就是教育者善于适应角色的变化。因为高校的教育者担负着对大学生进行思想品德教育的重要任务，他们既是教育者，也是管理者，是社会主义思想的传播者，是全面贯彻党教育方针的管理者，是言传身教榜样模范的教育者。

### （三）教育与自我教育相结合

在德育管理过程中，不仅要对受教育者实施教育，还要充分调动受教育者的自主能动性，激发引导其进行自我教育。教育与自我教育是德育管理系统不可分割的两个方面，是辩证统一的，是相辅相成的。自我教育必须以教育为基础，教育又是通过自我教育来实现的。只有教育和自我教育相结合，才可能促进受教育者的全面发展。

### （四）德育管理人本化的系统性

按照系统论的观点，一切事物均具有系统的属性，一切系统都具有整体性。高等学校就是由各个子系统构成的整体。高等学校包括教育工作、德育工作、教务工作、行政工作、后勤工作等，这些都是高校工作的组成部分，是实现教育目标的重要因素，只有各个子系统有效合作，才能实现育人的活动。

德育管理渗透在各个组成部分之中。德育是培养人、塑造人的教育活动。德育工作是高校整体工作的重要组成部分，高等学校的教育工作、教务工作、行政工作、后勤工作等，都渗透着德育的因素，也都能发挥德育的作用。由于德育工作和各项工作有着密切关系，因此德育管理也渗透在其他各项管理工作之中。只有把德育管理和其他各项工作有机结合起来，才能建立各部门、各方面的工作和谐运行关系。

## 二、实现德育管理人本化的基本原则

### （一）主体性原则

当今时代精神的主旋律就是提升人的主体性，唤起人的主体意识。这既是德育管理的出发点，也是德育管理的归宿。高等学校德育管理应该在社会主义办学方向的前提下，把尊重人、理解人、激励人、发展人、充分发挥人的主体性作为高等学校德育工作的重要内容。

#### 1. 坚持主体性原则是德育管理内在规律的客观要求

不论是德育管理的主体，还是德育管理中的客体，也不论是德育管理对象中各种要素，还是德育管理过程中不同的环节，这些都是人的活动，是由人组织、参与的活动。德育管理工作的成效，主要是来自人和人、人和组织的协调合作，要正确处理教育者与受教育者相互之间的关系。因此，坚持主体性原则，是德育管理内在规律的客观要求，是建立一个有生命力和实现高效的德育管理体系的根本所在。

#### 2. 贯彻主体性原则是现代德育管理的发展要求

高等学校德育管理是以培育人、提高人的思想道德素质为目标的。德育管理系统是一个开放的系统，从社会输入学校的是人，在学校给予"加工处理"的仍然是人，最后学校向社会输出的还是人，这是一个完整的系统，较之其他工业系统、商业系统，更应该遵循主体性原则。学校的德育管理与学校行政管理、教务管理、后勤管理相比是有很大差异的。它是根据德育目标，组织、运用德育的各种力量和手段，协调和沟通教育的各种途径，以实现培育人的思想品德的教育管理活动。第一方面，它要遵循教育目标，促进学生向社会期望的方向发展，树立与社会理想、道德相一致的个人理想、道德；第二方面，它又要考虑每个学生的个性特征和个性品质，为他们思想品德的发展创造条件，以充分发挥学生们的主动性和积极性；第三方面，学校德育管理还必须协调社会、集体和个人的利益，调节社会、集体和个人间的相互要求，在学校中形成和谐的思想道德关系。由此可知，高等学校德育管理作为指导、控制、协调的活动，不是限制人、压抑人、阻碍人发展的，而是要在尊重人、理解人、激励人的同时，促进人的全面发展，最大限度地激发人的潜能和创造能力，实现人的自我发展、自我完善。这是现代德育管理与传统德育管理的最大不同之处。

### 3. 坚持主体性原则体现了教育者与受教育者的双向道德交往关系

受教育者是有思想情感、内在需求，有自己思考、处理问题的方式的个体存在。他们不是被动地、盲目地接受教育者的思想道德指令，而是有选择地接受来自教育者的思想道德指令，并且是积极主动地选择和接受。在高等学校德育管理过程中，主体与客体之间具有相关性，两者是相互依存、相互作用的辩证关系。管理主体与管理客体并不是单向的作用关系，而是表现为管理主体和管理客体的双向影响、双向交流、双向制约。在高等学校德育管理实践中，两者能动地认识和改造道德交往关系，不断地提高自身的能力和水平。

总而言之，主体性原则是学校德育管理的主要原则，也是管理客体的本质属性。在高等学校德育管理中，要尊重人、理解人、激励人，同时也要促进人的全面发展，重视人的主体地位，发挥人的能动性，才可能最大限度地调动学校师生的积极性，使学校德育管理呈现生机勃勃的局面。

### （二）系统性原则

在自然界和人类社会中，一切事物都是以系统的形式存在的。任何事物都可以看作一个系统。任何管理都是对系统的管理，没有系统，就没有管理。系统性原则为认识德育管理的本质和方法提供了新的视角，从某种意义上来说，在德育管理原则的体系中起着统率的作用。按照管理学系统论的观点，高等学校德育管理也是由各个要素组成的整体，它是高校教育管理系统的一个组成部分。高等学校德育管理的系统性表现在以下三个方面：

#### 1. 德育管理目标的统一性

不同的管理系统有不同的目标。学校德育管理作为一个系统，有与它相对应的德育目标。一个国家的德育目标，一般由国家教育部门根据社会发展的历史任务和受教育者的健康成长需求而提出。这样的德育目标要求，对青少年一代是完全一致的，具有统一性。这个统一的目标要求，对全国各级各类学校的德育，都具有完全指向和约束制约作用。就一个学校的德育管理系统而言，只能有一个总目标，作为学校德育管理者，在时间、精力和智力等方面都是有限的。因此，德育目标必须具有统一性。

#### 2. 德育管理系统的层次性

德育管理系统的结构是有层次的，构成这个系统的要素和层次都是有顺序的，具有一定规律性。例如，学校的德育管理系统与学生德育管理，前者是一个整体系统，后者则是一个组成要素。系统与要素是相对而言的，如果组成要素杂乱无章地拼凑在一起，就不可能成为一个德育管理系统。

### 3. 德育管理系统的相关性

德育管理系统内各要素之间相互依存、相互制约，就是德育管理系统的相关性。它一方面表现为学生德育管理同学校德育管理系统之间的关系，学校德育管理系统存在和发展是学生道德教育存在和发展的前提，因而学生德育管理本身的发展，就要受到学校德育管理系统的制约；另一方面，表现为学校德育管理系统内部的学生德育管理与其他要素之间的关系。某要素的变化会影响另外一些要素的变化，而各个要素之间关系的状态对学生德育管理和整个学校德育管理系统的发展，都可能产生重大的影响。

坚持高等学校德育管理中的系统性。首先，必须充分发挥高等学校德育管理系统中各要素的作用。高等学校德育管理系统包括许多要素，例如，管理者和被管理者、德育目标和内容、德育管理方法等。这些要素对德育管理系统来说都是必须存在的，但是各要素所发挥的作用或大或小，有正面或负面作用。在德育管理过程中，能否发挥诸要素的正面作用是至关重要的。是否发挥正面作用，发挥的程度如何，就看管理者如何把诸要素有机地组成一个有联系、有层次的整体系统，进行统一的合作、协调、指挥和行动。其次，必须树立整体观念。以德育管理为主进行协调，局部服从整体，使整体效果最优化。更重要的是，要把高等学校德育管理放到整个社会主义精神文明建设的全局上考察。最后，必须深入研究德育管理系统的最优结构，使其充分发挥整体功效。改变不合理的结构，使德育管理结构处于一种相对稳定的状态，充分发挥各组成部分协调配合的积极作用来提高高等学校德育管理系统的整体功能。

## （三）责任原则

高等学校德育管理是追求德育目标和德育实效的过程。在这个过程中，要挖掘受教育者的潜能，就必须在合理分工的基础上明确规定这些部门和个人必须完成的工作任务和必须承担的责任。挖掘受教育者潜能的最好办法就是明确分割人的职责。职责不是抽象的概念，而是在内容、质量、时间、效果等方面严格规定的行为规范。

### 1. 明确职责

一般来说，分工明确，职责也会明确。分工，是生产力发展的必然要求。在合理分工的基础上确定每个人的职位，明确规定各职位应担负的任务，这就是职责。所以，职责是整体赋予个体的任务，也是维护整体正常秩序的一种约束力。它是以行政性规定来体现客观规律的要求，不是随心所欲的产物。但是，两者的关系又不是这么简单。因为分工一般只是对工作范围做了形式上的划分，至于工作的数量、质量、完成时间、效益等要求，分工本身还不能完全体现出来。所以，必须在分工的基础上，通过适当方式对每个人的职责，做出明确规定。职责界限要清楚，并一定要落实到每个人，只有这样，才能做到事事有人负责。

## 2. 奖惩分明

在高等学校德育管理中，对每个管理者和被管理者的综合表现和绩效给予公正而及时的奖惩，有助于提高管理者和被管理者的积极性，挖掘他们的潜能，从而不断提高管理实效，及时引导管理主体和管理客体的实践行为朝着符合高等学校德育管理的方向发展。有成绩有贡献的管理主体和管理客体，要及时给予肯定和奖励，使他们的主动性、积极性行为维持下去。如果长期埋没他们的工作成果，就会挫伤管理者和被管理者的积极性。这时奖赏就失去了它本身的意义。惩罚也是不可或缺的。惩罚是利用令人不喜欢的东西或取消某些为人所喜爱的东西，改变人们的工作行为。惩罚可能引起挫折感，在一定程度上影响管理者和被管理者的热情。但惩罚的真正意义在于通过惩罚少数人来教育多数人，强化高校管理的权威。

总之，责任原则是学校德育管理的主要原则，也是高等学校德育管理制度体系的重要组成部分。人无完人，建立健全高等学校德育管理职责制度，使分工明确、权限清晰，奖惩适当，才能充分调动高等学校德育管理者和被管理者的主动性和积极性，使学校德育管理呈现生机勃勃的局面。它对高等学校德育管理具有指导意义，是我们必须遵循的基本原则。

## （四）实效性原则

德育的实效性，是现代管理本质的反映，是德育管理工作的基本任务和归宿。管理学中的效益原则是现代管理的基本原则之一。效益是有效产出与投入之间的一种比例关系，可从社会和经济这两个不同角度去考察。任何组织管理都是为了获得某种效益。效益的高低直接影响着组织的生存和发展。它使人们认识到管理的实质就是为了增加实效，要求在管理过程中合理运用人力、物力、财力和时间，使有限的要素发挥最大的效能，取得最有成效的成果。在高等学校德育管理同样必须遵循实效性原则，以最少的人力、物力、财力和时间，获得德育最好的效果。为了增加德育管理的有效性，德育管理必须重视实效性原则。高等学校德育管理实效性，实质是德育管理目标的实现程度，具有长期性、后显性、整体性等特点。

## 1. 德育管理实效的长期性

德育管理实效的长期性是指受教育者科学的世界观、人生观、价值观和良好的道德品质的形成，要经过相当长的时间才能够完成。在其发展的过程中，要经历多次反复，做大量艰苦工作才能见成效。相对于物质成果而言，高等学校德育管理效果又具有模糊性、不确定性的特点，因此，德育管理的效果，不能简单地用定量进行衡量，一般是通过定性来把握。

### 2. 德育管理实效的后显性

德育管理的实效具有后显性的特点。后显性是指德育管理的投入和其社会功效的显现之间，存在一个明显的时间差，投入后不可能很快就显现出来。虽然德育管理的效果不是马上就能显现出来的，但是它的作用却是不可估量的，影响是长期的、深远的，并且会产生一系列的连锁式反应，产生增加积极效果的功能。

### 3. 德育管理实效的整体性

学校德育管理实效的整体性主要表现在两个方面：一方面，德育管理过程中的整体性，在高等学校德育管理上，只有强调各种德育管理要素力量的一致性，才能达到最佳的德育管理目标；另一方面，对受教育者影响的整体效果，受教育者的思想品德是一个完整结构，他们的世界观、人生观、价值观、道德观、道德认知、道德情感、道德意志、道德行为等，都是互相影响的。

综上，德育管理实效性原则，要求一切从实际出发，实事求是，这是学校德育管理目标的要求，我们必须从德育管理对象的实际出发，有效地开展德育管理工作。

## 三、实现高等学校德育管理人本化的基本路径

### （一）确立德育管理人本化理念

高等学校德育管理观念只有及时反映时代发展的变化，反映德育实践的新要求，才能促进自身的发展，也才能对德育管理理论的丰富、完善发挥自己应有的作用，实现自身的价值。观念是指人们对客观事物的理性认识，它将随着客观事物的变化而发生变化。而管理观念作为一种具体的观念形态，反映了人们对各类管理现象内在的本质联系的认识，也必然要随着管理实践的深入发展而不断更新。随着社会向更深层次发展，社会的变化速度不断加快，人们的思想更加复杂多变，德育管理观念只有适应这种要求不断更新，才能指导德育管理实践不断向新的领域延伸。因此，必须树立"以生为本"的新理念。

### 1. 确立"以生为本"的新理念

"以人为本"是人们对生命主体价值、人的历史主体地位和作用的概括。市场经济的进一步发展对高扬人的主体性的诉求，使"以人为本"理念在社会发展的各个层面越来越受到人们的重视。"以人为本"就是一切活动都要以人的发展为出发点、以人的发展为归

宿、以人的发展为动力。它既是一切社会历史活动的指导原则，也是教育活动的理念和指导原则。高等学校德育的主体是学校的管理者、教师和学生，而管理者和教师又主要是为学生服务的，所以，高等学校德育"以人为本"归根到底是"以生为本"。

"以生为本"的德育管理不是以受教育者个人为主体，而是教育者的价值引导和受教育者自主构建相结合的活动过程，是教育者的主导性和受教育者的主体性共同发挥的过程，是教育理论和实践的真正统一，它较好地解决了受教育者个体发展和社会整体发展之间存在的矛盾。

### 2. 加强德育管理者的尊重意识

德育的主体客体都是人，出发点和归宿点也都是人，人就是德育的核心，坚持"以人为本"是德育发展的内在要求。贯彻落实"以人为本"的科学发展观，就必须加强管理者的尊重意识。

马斯洛（Abraham H. Maslow）的需要层次理论认为，尊重的需要，是人较高层次的需要，也是一种心理上的需要，包括自尊和受到别人的尊重。自尊和受到尊重，是联系在一起的。要想得到别人的尊重，自己要有被别人尊重的条件。每个人都有自尊心，它更是驱使人们奋发向上的推动力。在高等学校德育管理系统中，管理者要注意被管理者在自尊方面的需要和特点，要设法满足被管理者的合理需求，不能伤害他们的自尊心，只有这样，才能激发他们在学习生活中的主动性和积极性。强化他们的主动性和积极性的体验，有助于被管理者认同心理的产生和个性的正向发展。

在高等学校德育管理过程中，被管理者同管理者一样，也是权利的主体，他们有权对管理者、管理措施等提出要求和建议，有权做出接受或拒绝的决定。尊重受教育者，就是要求德育管理者首先要承认受教育者的主体地位，并尊重受教育者的主观感受，树立尊重意识，保证他们的正当权利。但是，受教育者的主观感受和决定不一定都是正确的，这就要求管理者在尊重他们的同时，也要进行科学的解释和耐心的引导，促使受教育者心悦诚服地接受管理。

### 3. 强化德育管理者的服务意识

在高等学校德育管理过程中，管理者要强化服务意识，做到服务育人，管理育人。德育管理的每一项工作，都是为受教育者的学习、生活和能力发展提供服务的，也是为了创造受教育者全面发展和成才的基本环境和必要条件。德育管理者，只有不断强化服务意识，让受教育者真切地感受到管理者做的一切都是为他们的成才服务，都与他们的切身利益密切相关，都为他们的自由全面发展创造环境，使受教育者自觉地接受教育，进而增强德育管理的实效性。

## （二）树立德育管理人本化目标

德育目标管理与教育目标一样，在相当程度上体现着国家、社会的期望和要求，反映着教育者、受教育者的需要和追求，预示着德育的方向及其结果。德育目标贯穿德育的全过程，是德育的灵魂、核心。可以看出，德育目标是德育的首要问题。高等学校德育目标管理包含两个方面：一是对教育目标的管理，以育人、提高人的思想道德素质为目标；二是对工作目标的管理。

### 1. 确立正确、科学的目标

在德育管理活动中，确立科学的目标，明确管理的方向，根据一定德育管理准则，才能保证整个德育管理活动有序进行，最终使德育收到良好的效果。一个切实可行、振奋人心的目标，可以起到明确方向、激励人心的作用，有利于对德育提出统一的要求。确定德育目标，必须坚持一切从实际出发，实事求是的原则，既要认真贯彻党的教育目的，与德育的根本目标相一致，又要从德育对象的思想实际出发，注意解决受教育者的思想问题和实际问题。在制定目标的过程中，目标立足点要有一定的高度，必须经过一定的努力才能达到。如果目标太容易实现，对受教育者就缺乏激励作用。但是，目标立足点又不宜过高，不能脱离大多数德育对象的思想实际，过高的目标会使人们因为目标难以实现而放弃对目标的追求。脱离了实际状况所提出的目标，不仅难以实现，反而会影响德育教育者、德育管理者、受教育者和被管理者对目标及目标管理的认同，目标的权威性就会受损，因此，德育管理的功效就无法得到实现。

### 2. 重视人的自由和全面发展因素

我国社会主义的基本制度决定并要求德育管理工作必须把人的全面发展作为根本目的。人的全面发展包括人的体力、智力、品德、能力和社会关系的高度丰富和发展。培养全面发展的人才需要全面发展的教育，包括德、智、体、美、劳等方面的内容。其中，思想品德素质的教育居于主要地位。它在培养人们优良思想品德的同时，也对其他方面的发展产生了重要的影响。从一定意义上来说，人的体力、智力、品德、能力等的全面发展取决于人的身心潜能的开发，尤其是创造潜能的激发。德育管理能够帮助受教育者认清自己在社会发展中的主体地位，能够调动主体意识，激发创造潜能，推动人的全面发展。

## （三）完善德育管理人本化过程

从管理学的角度看，在高等学校德育工作中贯彻"以人为本"，就是要树立平等意识，发挥德育工作中受教育者的主体性，并在两者之间进行平等的交往对话。

### 1. 受教育者主体性的确认

确认受教育者的主体地位，发挥和尊重受教育者的主体性，是德育管理的基本思想，对受教育者主体性的肯定，就是对其独立性、能动性、创造性和实践能力的倡导和重视，对受教育者主体性的培养，与受教育者创新精神和实践能力的培养是一致的。确认受教育者的主体性，不是一般地肯定受教育者的主体地位，而是要把教育的着眼点放在受教育者的主体性的发挥和培养上。

### 2. 教育者与受教育者的平等交往对话

德育过程是发生在教育者和受教育者之间的活动。传统德育着力培养的是"听话"的好孩子，这种听话教育是建立在以教师、教材、课堂为中心的基础上，易于形成教师主体地位，不利于发挥受教育者在教育过程中的主动性和创造性。平等的交往对话是"以人为本"德育过程实践的重要途径和重要形式。教育者与受教育者作为交往、互动的双方，是不可或缺、平等共生的关系，无论教育者还是受教育者都不存在完全的支配和中心地位。如果教育者和受教育者的关系是一种主体与客体的对象性关系，德育就容易变成单向灌输和强制压服，成为客体性教育。教育者和受教育者是平等的教育活动主体，是民主和平等的关系。教育者和受教育者双方都不把对方看作被动的接受对象，而视为交往对话的双方。这种平等对话就是主体间的相互尊重、相互关心、相互理解，最终做到相互间的积极影响。教育者和受教育者的相互影响，不仅教育者对受教育者具有道德影响，受教育者也影响着教育者。在交往对话中，教育者和受教育者思想与思想碰撞，心灵与心灵交流，相互激励，相互作用，不断重新构建知识结构和认知水平，最终双方获得共同发展。

### 3. 自我教育

在德育过程中，受教育者既是教育的客体，也是教育的主体。当受教育者作为教育者施加教育影响的对象时，他是教育的客体，当他接受教育影响进而进行自我教育时，他便是教育的主体。受教育者作为教育客体时，也并不是完全消极被动地接受教育影响，而是积极主动地对教育影响进行认识、理解和吸收，也就是说，他们也在教育的影响下不断地进行着自我教育。由此可见，教育者的教育和受教育者的自我教育，在教育过程中是同时存在的，并且是辩证统一的。没有教育者的引导，受教育者的道德发展就缺乏外在的积极强化，就难以形成良好的思想品德。没有受教育者的自我教育，教育者所传授的教育内容就不能为受教育者所真正认识和接受。由此可见，在德育过程中，既要调动教育者的主观能动性，发挥其指导作用，又要调动受教育者的自觉性、主动性，发挥其自我教育的作用，更重要的是，使二者统一起来，从而取得更好的德育效果。

### （四）培育人本化的德育管理队伍

高等学校德育管理要以人为本，德育管理的队伍建设关系到德育目标、过程、评估能否得到贯彻落实，关系着德育的实效性。因此，要重视德育管理队伍建设，不断提高他们的思想政治素质和工作能力，将其建设成为一支政治强、业务精、纪律严、作风正的专兼职结合的工作队伍。

德育管理不同于一般的社会管理活动，对工作人员具有特殊的要求。德育队伍管理，要按照政治强、业务精、纪律严、作风正的要求，建设一支专兼职结合的德育队伍。随着对外开放不断扩大，在社会主义市场经济条件下，在建设和谐社会的进程中，高等学校德育面临许多新情况和新问题，需要有一批训练有素的职业化人员集中精力去研究、去实践，以适应新形势发展的需要。加强德育队伍管理的职业化和专业化，可以从以下三个方面入手：

#### 1. 要推行德育管理者的从业资格认定制度

德育管理者是德育队伍的主体，是德育队伍建设和管理的重点，应该按照职业化和专业化的要求建设和管理德育队伍。没有专门的职业规范和资格认定制度，就难免会把德育工作混同于一般的管理工作，受教育者就得不到应有的重视，其结果必然是德育的实际效果和工作效率得不到保证。德育管理者的职业化，建立统一的从业资格标准、职业规范和管理制度，完善德育工作队伍的选拔、培养和管理机制，使德育管理者把这项工作作为自己的终身职业，这样既有利于提高德育队伍的稳定性，又有利于培养出一批高水平的德育理论家和实践工作者。

#### 2. 把提高德育管理者的素质作为德育队伍管理的重点

面对新形势、新情况，德育管理要想与时俱进，就必须做好德育管理者素质的可持续发展工作。要做到德育管理以人为本，就要努力提升自身素质，在学习中发展，在发展中增强本领。在当前这个转变时期，在社会主义精神文明建设和整个社会主义建设事业中，德育工作者在思想教育方面的责任尤其重大。目前，我国德育工作队伍的整体素质还难以达到这一要求。加强德育队伍的培训，通过学历教育、职前培训、在职研修、自我管理和实践锻炼等多种形式，有计划地提高德育管理者的整体思想素质和业务能力。在培训过程中，要贯彻理论联系实际、学以致用、讲究实效的原则。根据需要，建构完整的德育工作队伍培训体系，制定科学的培训制度，编写科学的培训内容，完善培训的形式，做好培训后的反馈和评估总结。切实加强德育管理者用理论指导实践的本领，用正确的价值观影响被管理者的思想行为的本领，善于调查研究、思想宣传和组织协调的本领，能够独立从事科学研究的本领，使德育管理者切实加强服务意识。提高德育管理者的素质是德育管理的重要内容，也是一项长期而又紧迫的任务。

### 3. 构建完善德育管理者的激励机制

德育管理中的激励，是指借助物质和精神刺激因素，调动被管理者学习、工作和社会活动的积极性，充分发挥他们的智力和体力潜能的过程。通过激励，在某种外部刺激的影响下，使管理者获得某种内部的推动力，始终保持一个愉快的状态。在我国高等学校，德育目标能否实现，德育工作的质量和效率，很大程度上受开展德育工作管理者的积极性发挥程度的影响。激励已经成为人本化德育管理理论和实践的重要问题，建立和完善激励机制，是高等学校德育管理人本化的重要环节。

德育管理者作为教育者和管理者双重身份，既教育管理学生，也受学校和院系的双重领导。而如何提高德育管理者工作的积极性和创造性，就需要设置相应的激励机制。在管理实践中，物质激励和精神激励同样不可忽视。

马斯洛的需要层次论，认为物质需要是人较低层次的需要。通过运用某些经济手段和方式来组织、调节德育活动，满足德育管理者的物质需求，是实现高等学校德育管理实效性的途径之一。以人的多层次的需要系统来看，需要不仅有物质需要，还有精神需要。精神需要是人的较高层次的需要，它包括人的情感需要、发展需要和成就需要等。在高等学校德育管理中，如果管理者对学校及其教育目标有强烈的认同感，就会在德育工作中体现出积极的、主动的工作态度，对德育工作的实效性产生积极的影响。对于人来说，精神需要比物质需要更重要，它的激励效果更为显著，影响更为久远。因此，针对人的需要和德育的特点，学校德育管理要使物质激励和精神激励有机结合，在满足人的物质需要和精神需要的基础上，调动人的积极性、主动性和创造性，充分发挥激励作用。

# 第四章　高等学校德育工作方法的创新及路径

## 第一节　高等学校德育工作方法的创新

### 一、新形势下高等学校德育工作方法的创新

#### （一）德育意识的全员化和德育格局的全方位

全体教职工都负有德育工作的责任，要做到"三育人"，即教书育人、管理育人和服务育人。全体教师应该更新教育理念，彻底改变只有德育教师才负有学生道德教育的责任这种错误思想，高度重视和充分发挥每一位教师的育人作用。教师要树立正确的教育思想，做到言传身教，为人师表，以自己的行动感染学生，使他们受到道德的熏陶。要发挥各科教学的德育功能，结合教学相关内容和各个环节，在适当的时机对学生实施道德教育。

学校各项服务工作都应有德育功能，只是有的德育教育的因素比较明显，而有的比较隐蔽。学校各项管理工作都应尽力与德育工作相互配合，注意道德教育因素，紧密结合实践，着眼于对学生的教育，从严要求，注意方法的使用，使学生从中受到感染、激励和教育。

#### （二）德育目标的层次化

德育目标是德育活动所要达到的目的和要求。我国还处在社会主义初级阶段，多种所有制形式、经营形式、分配形式并存，社会道德方面既有属于高层次的、代表未来方向的共产主义道德，也有调整个人与社会、集体、他人关系的社会主义道德，呈现出以社会主义道德为主体的多种道德并存的局面。为了与之相适应，高等学校德育必须打破传统的"大一统"的目标模式，大学生的道德水准呈现多层次、多规格的特点，高等学校德育工作应根据大学生不同年级、不同身心发展水平，针对学生人生观、价值观、道德观及思维方式上出现的新特点，根据社会发展阶段的新要求，从培养时代新人着眼，从抓基础项目入手，分阶段、分层次制订德育目标。

首先，在思想政治教育上，对处于不同层次的大学生应相应地确立爱国主义者—社会主义者—共产主义者三个目标层次。热爱祖国是对大学生最起码的要求；坚持社会主义方向，立志做社会主义事业的建设者和接班人，理应成为绝大多数学生的基本要求；在此基础上，培养和塑造一批具有共产主义理想和觉悟的先进分子。按不同目标层次对大学生进行近代史和国情教育，党的路线方针政策教育，形势任务教育，民主和法制教育，马克思主义道德观、人生观和世界观教育。

其次，在日常品德教育上，使学生形成良好的劳动态度、生活作风、集体观念、社会公德、职业道德、社会责任感、历史责任感等是德育的多层次目标。作为普通公民，大学生必须遵守社会公德，这是对每个大学生最起码的要求；作为高等教育的接受者、未来各行各业的高级专门人才，大学生应该具有较高的职业道德和敬业精神；作为未来的社会主义建设者和接班人，大学生理应具备较高的文化修养和道德水准，成为社会主义精神文明建设的骨干和中坚力量。

最后，在心理素质上，对大学生既要强调一般心理健康的要求，也要注意培养他们在市场经济条件下应具备的那些心理素质。

德育目标的层次性启示我们，要坚持从实际出发，区分不同层次，明确不同目标，有针对性地实施德育，不能将只有先进分子才能达到的目标要求所有人员普遍达到；在德育过程中，坚持德育目标社会主义初级阶段的现实性与体现共产主义理想的方向性的特点，要求应各有所重。

### （三）利用网络把德育工作透明化，道德档案能查有所证

国家教育部门可以考虑借助网络方便、快捷的优势，对每个学生建立道德档案。每个年满 16 周岁的公民都在网络中建立档案记录，此记录主要包括以下内容：姓名、年龄、所受教育情况，以及最重要的一面——道德行为、道德素质。人的道德素质记录，也就是做人记录。在我国确实有必要建立这种负责机构，在核实事件真伪的基础上，将公民的道德行为记录在案。这种方式便于用人单位和相关人士进行查证，在用人、选人时道德档案可以作为一个很重要的参考。当然，这只能起到一种参考作用。起到一种激励作用，促进个人提高自己的道德素质，改变不当的行为习惯，按照社会的道德规则约束自己的行为，逐渐从他律走向自律，这才是建立道德档案记录的目的所在。

### （四）德育方法多样化、层次性

德育方法是为完成德育任务所采取的手段。由于德育过程是一个多因素相互影响、多层次的发展过程，大学生思想品德的形成受到社会、家庭、学校及学生个人身心发展状况

诸方面的影响，德育必须通过影响思想品德形成的各种条件的综合作用才能奏效，这就决定了德育方法的多样性和层次性。德育方法从不同的视角可以分为不同的层次。例如，从德育主体和客体的角度，可以分为主体外部灌输和客体自我修养两个层次；从德育内容权重的角度，可以分为理论教育、实践教育；从德育的类型，可以分为氛围型、渗透型、情感型、审美型；从德育方法的特点和作用，可以分为说理教育法、情感陶冶法、实际锻炼法、榜样示范法、修养指导法等。具体的分析可以从以下几个方面入手：

### 1. 要正确处理理论与实践的关系

马克思主义认为，实践的观点是认识论的首要观点，实践既是认识的起点，又是认识的归结点，更是检验认识正确与否的唯一标准，所以，道德教育如果有意无意地忽视实践性，那么道德教育必将走向异化和虚无。一个人品德的形成不是思想与知识的直接结合，只有在实践中才能加深认识和感情，坚定意志和行动。所谓要在道德教育中把理论与实践结合起来的原则，就是要在教育中实现教育内容的可检验性、教育形式的可感受性。道德教育与实践相结合，才能激发学生的兴趣和主动性。道德实践具有形象、生动、丰富的特点，实践中有真实的人性展示，有心理情绪变化，有多层次价值展示，能使学生产生好奇心、探究心，并引发学生投入感情与体验，从而激发"兴趣"，引导学生进行道德理性思考。道德教育理论与实践相结合，才能使学生实现道德品质真、善、美的有机统一。在道德教育中必须坚持"知、信、行"的统一，否则道德教育只会走向空洞和虚无，而道德理论与实践相结合是贯通"知、信、行"的桥梁，所以，在道德教育中理论与实践相结合的意义是相当重大的。

大学生正处于世界观、人生观、道德观形成的重要阶段，他们认识、改造世界的科学方法及辨识是非的标准不会自然形成，只能通过理论教育和实践体验来获得。因此，德育工作既要重视系统的理论教育，又要重视社会实践活动教育。当代大学生身心发展有一个重要特点，就是思维能力显著增强和自我意识显著增强，他们不轻信、不盲从，比较注重事实，也要求对身边的事物给以理论上的回答。德育教育者必须研究现实，结合实际，根据大学生的特点，把加强和改进"两课"的教学与培养道德行为结合起来。当前德育工作在强调学生道德知识掌握的同时，更应强调其道德行为的践行，大胆拓展大学生接触社会的机会和领域，使认识、体验、践行结合。

### 2. 要创造利于德育工作开展的环境

道德教育不同于纯粹的知识传授，道德教育源于生活又必须回归生活。学生只有在一定的社会环境和社会关系中，其思想道德素质才有可能形成和发展。环境对人的影响是潜移默化的，但作用是巨大的，所以，只有优化环境，才能取得比较理想的教育效果。

第一，必须优化内部道德教育环境。内部道德教育环境指学校内部物质的和精神的、有形的和无形的诸种因素相互制约、相互作用所形成的教育环境，包括硬环境和软环境。学校必须健全教育网络，将教书育人、管理育人、服务育人落到实处，形成扶正祛邪、扬善惩恶的校园风气；将日常思想教育工作作为贯穿高等学校德育的红线，充分发挥党、团、学生会团结和引导大学生进步的重要作用，使学生多渠道、多角度、多形式地接受教育。

第二，要优化道德教育外部环境。道德教育要取得实效，只重视校园内道德教育环境是远远不够的，有人曾形象地说过，"社会像一只染缸。学校里品学兼优的学生，一到社会就变坏"，这句话虽然说得有点夸张，但很好地反映了重视和优化整个社会环境对于学校道德教育的重大作用，所以，学校和教师不能关起门来搞道德教育，而必须和社会因素相互配合，使道德教育内部和外部产生共同的正向作用，只有这样道德教育才能达到理性的效果。

### 3. 灌输与疏导的方法相结合

理论灌输是德育教育的主要方式，共产主义理想和信念的教育不可能完全依靠实践实现，而必须通过适当的灌输方式加以引导。但在新时期，高校要对灌输的内容和形式加以改进，要区别不同层次、不同对象，加强针对性；要理论联系实际，以加强现实性，避免空洞说教。道德品质的完善不可能通过强行的灌输来完成，只能通过理性诱导，激发学生积极思考，引导学生比较、分析、鉴别，组织一系列启发式的德育活动，使学生在掌握思想道德规范的同时学会思考、判断、分析社会问题及人生问题等，使大学生科学地认识自我与社会、自我与集体、自我与他人的关系，从而实现预期的德育目标。

### 4. 开展社会实践

组织大学生参加社会实践，是实现德育培养目标的基本要求。社会实践是大学生的一种认识世界、改造世界的社会生活，是理论联系实际、为社会服务的有效形式，是学校联系社会的纽带，是引导学生走与人民群众相结合、与实践相结合的健康成长道路的有效途径。大学生从学校到学校，缺少社会感受性，接受教化和熏陶的机会少，容易造成和社会脱节的危险，在学校中学到的道德教育知识很难应用到社会的交往中，因此，参与实践活动是大学生接受社会化教育的较好途径。

德育工作者要积极探索和建立社会实践与专业学习相结合、与服务社会相结合、与择业就业相结合、与创新创业相结合的管理机制，认真组织大学生参加各种形式的实践活动，使大学生在社会实践中受教育、长才干、做贡献，增强社会责任感。

### 5. 要把他律教育与学生自我教育结合起来

事物的转化，外因是条件，内因是根据，外因只有通过内因才能发生作用，正确的道德思想的形成需要科学理论的指导，而理论不可能在人的头脑中自发产生，需要从外部灌输进去。但是，道德思想要真正转化为学生的道德行为，必须经过主体的认同，达到自律的程度，才能内化为个体的品行特征。

教育者向学生灌输的社会意识、道德规范和提出的教育要求，只有在教育者的影响下，经过学生主动地进行一系列思想交流，才能转化为学生的思想品德。因此，在德育过程中，教育者必须改变以往单纯的自上而下的灌输方式，适当运用自我教育（自我强化、磨炼意志、自我调适、自我激励、自我反馈），让学生主动拟订教育计划，积极采取强化措施，自觉进行思想道德转化和行为控制，这对学生个人思想品德发展有巨大作用。自我教育是提高德育工作质量，促进学生优良思想品德形成和人格完善的关键。

### 6. 要加强德育队伍建设

高校要按照"政治坚定、素质过硬、专兼结合、功能互补"的要求，建立一支能适应高等教育改革新形势、具有战斗力的队伍，这是实现德育培养目标的重要保证。此外，高校在招聘学术性人才时也要注意道德品质要过关，而不要只看高学历这一点。

教育者自身的形象和素质，对受教育者能否接受其教育有着直接的影响。大学生是一个特殊的群体，他们已经具备相当的文化知识和分析判断能力，会用自己的价值取向对待学校各类工作人员的言行，并根据自己的标准决定取舍。德育工作者应在师德方面做学生的表率，要以自身高度的觉悟和高度的职业道德感染学生、关心学生，对工作一丝不苟，好学不倦，虚心求教，努力提高自身的素质。

高校应认真选拔德才兼备、素质较好的人员充实德育队伍，把德育队伍建设纳入学校师资队伍、干部队伍建设的总体规划。按照"政治坚定、品德优良、业务精湛、专兼结合"的要求，建立一支以兼职为主、专兼结合的德育队伍，充分发挥辅导员在德育工作中的主导作用，发挥党、团、学生会在德育中的自我教育、自我管理作用，将学校各种力量有机地结合起来，统一目标，统一组织，统一计划，统一措施，发挥德育队伍的整体功能。

加强德育队伍建设，一是要注重提高德育工作者自身素质。一方面，通过各种激励措施使德育工作者具有较高的政治觉悟和思想政治素质，使他们掌握现代科学技术和文化知识。德育工作者要做到既通晓德育理论知识，又深谙心理学、教育学、社会学、伦理学等有关知识，形成较为全面的知识结构；另一方面，要努力营造人人追求高尚人格的氛围，促使德育工作者用自身的人格力量去感染人、教育人。二是要为德育工作者提供更多的学习深造和实践的机会，努力培养一批德育工作的专家。三是要采取必要的政策和措施，提高德育工作者的地位和待遇。

### 7. 要使德育活动社会化

现在各种通信技术与媒介已成为人们获取信息的重要渠道，高等学校德育影响源无限增大，这无疑加大了高等学校德育工作的难度。高等学校德育须不断向家庭、社会延伸，高等学校德育已不再可能闭门造车，我们必须打破原有的狭隘教育模式，寻求一种有利于学校、家庭、社会教育三者相互衔接、相互补充的一体化模式。

家庭是影响大学生思想行为的重要因素。学校必须积极寻求家庭的配合，通过各种途径与形式，与家长建立经常性的联系，普及家庭教育知识，引导家长参与学校道德教育，使他们能够更好地、更有效地致力于培养子女良好的行为习惯和基本的道德修养，优化家庭教育环境。

任何人都是生活在一定的社会环境中的，大学生总是在社会环境中接受教育的。无论是社会的政治、经济形势，还是社会传媒的宣传及社会风气，都对大学生接受德育的效果产生极其重要的影响，在发挥学校主体作用的同时，德育工作者还应努力挖掘和利用社会德育资源，拓宽德育领域，通过建立健全社会实践活动基地、校外教育网点，加强对文化市场和娱乐场所的管理，动员、组织、协调社会各方面的力量支持学校做好德育工作。

德育方法的多样性和层次性提醒我们：不同时期，不同环境，不同的教育对象，要有针对性地采取不同的德育方法；德育过程中要注意各种方法的有机结合，优势互补；既要发挥德育主体的优势，又要尊重德育客体的要求，在德育主体与客体之间寻求最佳结合点，以达到最佳德育效果。

总之，学校德育在学生成长过程中具有不可替代的作用，该作用的发挥有制约条件，尤其受社会大环境的影响与制约。高等学校德育只有构建起德育活动社会化模式，合作育人，建立起学校、家庭、社会相互协作的综合化社会教育网络，形成全方位的德育格局，才能取得最佳德育效果。

### 8. 进行民族文化教育和理想信念教育

深入开展爱国教育、集体教育和社会主义教育，加强诚信教育。有着五千年灿烂文明的中华民族，在漫长的历史长河中铸就了高尚的民族灵魂，有着丰富的优秀文化和优良传统，涌现出一大批具有高尚人格的历史人物。高校应充分利用这些优秀的文化传统和历史遗产，教育和引导当代大学生，增强他们的自尊心、自信心和自强心，使他们具有远大的理想和抱负，具有崇高的精神境界，具有艰苦创业、开拓进取精神。在新形势下必须结合大学生的特点、结合有关专业知识和文化科技知识来开展思想道德教育，寓教于学，寓教于乐，寓教于管理。德育工作者要根据新情况、新问题，有针对性地采用多样化、多渠道、多载体的方法进行德育教育。

### 9. 要充分发挥"两课"主渠道的作用

马克思主义理论课和思想品德课是对学生系统进行思想政治教育的主渠道和基本环节。德育工作要把"两课"作为重点课程来建设，不断改革"两课"的教学内容与方法，努力提高教学实效。同时，"两课"要以时代精神为主旋律，踏着时代的节拍不断更新内容。

### 10. 优化校园文化环境

第一，加强校风、学风建设，创造良好的育人环境。良好的社会风气和校园道德文明的氛围，会使学生受到潜移默化的教育和熏陶，对强化大学生的内心信念，减少乃至消除他们社会行为的失范，起到很好的环境教育效果。

第二，净化校园文化环境。科技的高速发展使大学生接收信息的渠道更为广泛，必须充分认识到，应充分发挥好校园文化的先导作用，构建与现代化进程相适应、集古今中外文化之精品于一体的校园文化，从而拓宽学生的知识视野，提高学生的文化素质和情趣品位。

第三，加强校园文化建设，优化育人环境。要通过开展各种文明健康的文化、科技和体育等活动，建设文明、整洁、优美、有序的校园环境，充分发挥环境的育人功能，增强高校思想政治工作的针对性、实效性。校园文化活动对于陶冶学生的情操、提高学生的综合素质发挥着重要的作用。扩大高校思想政治教育，应强化对学生课余活动和生活的引导与管理，积极推进思想政治工作的"新三进"，即进宿舍、进社团、进网络。此外，应深入开展大学生社会实践活动，积极推进大学生文化科技卫生"三下乡"活动、青年志愿者活动和社会公益劳动等。

第四，培养一支具备坚定的共产主义信念、高尚的道德品质、精湛的网络技术、敏捷的反应能力和强烈的开拓进取精神的德育工作的队伍。他们应该既懂思想道德教育艺术，又懂网络技术。网络时代要求有这样一支适应新形势的德育工作队伍。只有把德育和网络技术结合起来，才能有效地解决网络时代德育工作面临的挑战和问题。德育工作者要系统地学习网络知识和技术，把握网络思想道德的状况和特点，洞悉学生思想动态，能够在网络上有针对性地进行思想政治教育工作，提高思想道德教育的水平和效果。

第五，当前的学校德育管理是一个开放的管理模式，高校可充分开发和合理利用显性和隐性教育资源，以求得管理的最优化。学术界有人重新界定德育是一种"点圆式"教育，这种"点圆式"教育就是以学校为中心点，以学校和家庭为另外两个射点，以最强的主动性和创造性画圆，由点及圆，积极探索并达到最佳的教学目标的工作方法。

## 二、高等学校德育工作方法创新的尝试性策略

创新是主体通过探索去解释和把握世界的规律，并遵循和运用事物的规律，催生富有全新价值的新事物的过程和结果。创新是一个艰苦的过程，在这个过程中我们必须充分发挥主体的能动性，而这种能动性的发挥必须符合事物的发展规律，同时受到客观条件的制约。因此，高等学校德育方法不仅在其创新过程中面临着挑战，更重要的是这种方法的创新必须正确地应用于教育实践，并对实践产生预期的影响和效益。高等学校德育是一门科学，其知识体系要经得起现实生活的检验和历史的验证。一般来说，德育的有效性主要表现为德育活动对其预设目标的实现程度。这是一个尝试性的过程，也是检验我们的创新方法的科学性的过程。任何教育理论都不可能放之四海而皆准，因此，任何新教育理论的实践都必须是谨慎的、尝试性的。

基于我们对现代道德教育现状的分析，我们认为在今后的道德教育中，指导思想和实际内容都要有所改变。从大的方向来讲，我们的道德教育首先要做到以下几点：

第一，高校高度重视道德教育。这显然不是一个创新，因为在我国各级教育目标中都明确地把道德教育作为教育的首要任务和内容。但实际上在我国的高等教育阶段，道德教育并没有真正被提上日程，高校的道德教育实际上主要是政治教育和大学生日常规范教育。道德教育的真正意义已经丧失无遗。因此，结合现阶段社会道德水平下降、道德信仰无所坚持甚至道德信仰衰落的状况，高等学校德育必须反思自身。高校应肩负起大学的责任，把大学精神真正落到实处。大学的责任不是仅仅授予学生一个谋生的证书和学历，更重要的是让学生传承中华民族的优秀道德文化传统。

第二，德育内容的选择和安排必须以德育目标为依据，德育目标是根据社会主义教育目的、德育任务、当前的形势及青年学生的思想品德水平确定的。以往我国的德育目标过于单一，不分层次，片面强调目标实现的高水平、高要求，这造成德育内容各组成部分比例不恰当，如政治比例过高，道德教育的内容强调不够，层次性体现不足。当代大学生思想发展的特点和阶段性，决定了高等学校德育工作必须有针对性地、科学地、系统地安排内容，做到不同教育阶段有不同的侧重点。根据社会转型期价值观念多元化的趋势和学校德育一元化导向的多种任务，现阶段高等学校德育内容应在固定不变的一般化、单一化的社会、阶级和民族规范教育的基础上，逐步增加现代社会的一般的或普通的社会规范和技术规范教育内容。马列主义基本理论教育、共产主义理想教育、爱国主义教育、集体主义教育、劳动教育、纪律教育和国情教育等，仍是德育的基本内容。人道主义、科学精神、环境意识、全球意识、和平与发展意识、合作意识等全社会、全人类共同的一般行为规范教育，应成为德育的重要内容。开放意识、竞争意识、主体意识、创造意识、艰苦奋斗、

无私奉献精神乃至社会责任感、心理承受能力、受挫折能力教育等，也应成为德育不可缺少的内容。当然，不同的历史时期，主客观的临时需要可以使某方面的教育有所侧重。现阶段，人们的生活方式、思维习惯和价值观念日趋个性化，思想活动、行为习惯具有明显的个性特征和复杂的层次性。当代大学生思想发展的特点和阶段性，决定了高等学校德育必须具有时代性和针对性，要根据时代发展需要和学生的思想实际，精心设置德育的内容体系。

根据对当前德育现状的分析，以及在这个问题上的思考和探索，我们认为，现在高等学校德育方法的创新和应用还要从以下五个具体方面入手：

（一）加大对学生的精神投入，培养学生的独立创新精神是高等学校德育的重要指导思想

以学生为中心，加大对学生的精神投入，培养学生的独立、创新精神，是一个重要的指导思想。高校是培养人才的地方，它一方面担负着为社会主义建设事业培养各类专门人才的任务；另一方面还要达到培养高素质人才的目标。要实现这一目标，就必须坚持以学生为中心，这是高校一切工作的出发点和落脚点，也是做好德育工作的基本原则。学校必须为学生提供全方位、全过程、全员的育人服务，创造良好的育人环境。在德育方面，必须抓好精神投入，造就社会主义事业新人。所谓精神投入，是指对人的需要的关怀、重视、理解、支持，它属于意识形态范畴，具有明显的情感色彩。对高等学校德育的对象——大学生来说，精神投入所关注的是他们的自身价值能否得到提升和发挥，能否被教师及其他同学认可和赞同，从而觉得自己就是教学的主体。大学生的视野开阔、思维活跃、情感丰富、青春焕发，他们追求自身价值的实现，注重人与人的友谊和交往，看重社会评价、荣誉、信义和成就感的满足，这些都会直接影响人与人的感情，更影响心与心的沟通。因此，抓好精神投入，就是要着眼于情感的调节、灌输，开展形式多样的教育活动，培养学生对人生、对社会有积极意义的感情；就是要把大学生为实现自身价值做出的努力，转移到为国家、为人民、为社会而忘我学习和多做贡献上来。

现代社会是竞争的社会，激烈的竞争对教育提出了新的挑战，它迫切要求培养人的创新精神、创新能力、创新人格这三个方面的素质。中国传统道德选择方式的最大特点是以大众的是非观为是非观，以权威的是非观为是非观，缺乏独立自主的判断，这种神圣化和趋众化的观念缺少一种基于个人经验和个人理性的反省和审视，使个人理性趋于萎缩，社会理性趋于保守。单纯靠"填鸭式"的灌输和要求服从，必然使大学生丧失独立思考的自主性，形成唯书、唯上、随大溜的习惯。因此，高等学校德育应克服这种不良影响，在要求受教育者遵循基本的规则之外，多给他们提供探索世界、发展自我的机会；让他们经常

有独立思考的机会，养成独立思考的习惯，培养学生独立思考的能力；此外，还要注意培养学生自强不息的创新进取精神。

当前，培育大学生的创新精神、创新能力、创新人格显得尤为迫切。因此，要重视培育大学生不畏艰险、勇于探索的科学精神。科学精神是人们的理想追求、价值准则、行为规范及其特有的精神气质的集中表征，它的本质内涵就是解放思想、实事求是、不断创新，这三个方面是互相联系和互相制约的，其中，不断创新是核心，高等学校德育就是要培育学生追求真理、勇于献身、不断创新、严于律己的科学精神。高校教育要注重科技与人文知识体系的传承，价值体系和伦理体系的内化，在求真求善的前提下，求异求新并不断发展。

## （二）注重大学生的品格培养是高等学校德育的重要内容

品格是个人、家庭、民族成功的关键，品格是个人和民族发展的基石和力量源泉，是世界发展最强的推动力。大学生的品格培养是高校人才培养至关重要的任务，是高等学校德育教育的核心内容。品格的内涵十分丰富，良好的品格至少应具有敬业尽责、诚实守信、善良公正、明智创新、坚韧不拔、富有爱心、勤奋自律等内容。大学生须培养的具体品格有爱国敬业的精神、追求卓越的志向，创新开拓的意志、崇尚科学的态度，不畏挫折的品质、立足实际的性格，沟通合作的意愿、守法守信的习惯，放眼世界的眼界、博采众长的胸怀，维护公正的勇气、关怀弱者的爱心，保护环境的意识、善待生命的情怀，终身学习的观念、慎独自律的品质。促进大学生品格教育的因素包括对学生的尊重与关爱；积极的角色榜样；为学生提供发挥自主性和影响力的机会；为学生提供思考、争论与合作的机会；使命和标准；为学生提供社会技能训练机会；为学生提供参与道德行为的机会。

## （三）加强对思想政治理论规范的理性阐释是高校教育的重要方法

理论规范用以指导人们如何去做，理性阐释则是解决为何要去做的问题。过去的实际工作往往把政治理论看成有关伦理原则、规范的传授和灌输，不注重培养受教育者运用这些规范和原则的能力。由于缺少相应的理性阐释，人们对政治理论规范的接受始终停留在知其然而不知其所以然的层面上，这使正确的理论规范难以在人们心中扎下根来，成为人们的自律准则。而我们的学校教育也没有对此给予足够的重视，而是更多地从社会现实和经济利益出发来调节自身的人才培养模式。现阶段，我们必须针对现代大学生的主要道德教育问题，有重点地补上传统道德教育这一课。

无信不治，无信不立。诚实守信是中华民族的优良传统，是中华文明五千年的积淀，凝结着先贤的智慧和希望。诚信是一个人在社会上立足，为人处世的最基本原则。因此，对大学生进行传统道德教育，首先要对大学生进行诚信教育。信守诺言，是我们理想的道德人格中重要的一条。

针对现代大学生情感的冷漠及情感的空虚问题，我们有必要对他们进行基本的感恩教育。感恩应是人的基本情感，也应是一切高尚道德情操的根源。古人云"知恩图报""滴水之恩当涌泉相报"，知恩是感恩、报恩的前提，不知恩就谈不上感恩、报恩。知恩，就是要知父母培育之恩、老师教诲之恩、朋友帮助之恩、社会上每一个关爱过你的人的恩情。感恩，若无力相报，或一时无机会报答，都不要紧，但心中要长存感念。这种感念是催促个人奋力上进、严格要求自己的重要的力量源泉。报恩最根本的方法是献身社会，为民众、为社会多做贡献。我国著名科学家钱学森为了回报祖国母亲对他的哺育之恩，对美国政府给他的高薪和一切荣誉称号浑然不顾，毅然回到贫穷落后的祖国，投身于科学事业，为我国的现代化国防建设做出了巨大的贡献。懂得感恩之人，是有敬畏之心的人；懂得感恩的人，是谦虚有德的人；懂得感恩的人，是对生命有深刻理解的人。因此，我们要做一个知恩图报、懂得感恩的人。学会了感恩，就学会了思考；学会了感恩，就懂得了爱；学会了感恩，也就理解了世界和生命。

### （四）网络道德教育提上了高等学校德育的日程

网络道德是人们以网络技术为媒介，对通过电子信息网络发生的社会行为进行规范的伦理准则。它是调整人与人之间关系的社会准则，是人类社会既有的道德通过结构性变动而形成的继承和创新相互统一的产物，是现代和传统相互整合的现代道德形式之一，是一种在适用范围上超越时空、覆盖全球的普通的伦理规范。网络的虚拟性并不表明网络生活与现实生活风马牛不相及，网络生活可以说是网络时代人们现实生活的一部分，并未远离现实生活这一物质基础。现代网络的发达和人们对网络的依赖达到了前所未有的水平，网络给人们提供了相当大的便利和效益，同时也带来了很多不可忽视的问题。网络道德的缺失与网络的迅速发展形成了鲜明的对比。在现阶段，网络非法活动常见，但是由于网络的特性，这些非法活动得到了很好的掩饰，网络活动缺乏道德约束。

现代大学生正是生活在现代网络发展壮大的时候，因此，对他们进行相应的网络道德教育是时代的迫切要求。现阶段的高等学校德育工作应该把网络道德作为一门新的课程纳入高校的道德教育体系。各级教育部门及社会各界，都要对网络道德建设做出自己的努力，只有这样才能在短时间内建立和完善网络道德教育体系，使我们的网络道德教育走向完善。此外，还必须借鉴发达国家的教育经验，毕竟发达国家在这一方面比我们起步早，同时经验和教训都比我们丰富。网络的全球化使得网络道德也具有很大的普遍性和一致性，因此，在这方面借鉴国外的经验是必要的，也是合理的。

网络道德教育的健全和实施是迫切的，它在一定程度上反映了一个国家的道德教育风貌，是一个国家道德教育必不可少的一部分。现阶段我国大学生的网络道德教育还处于起步阶段，刚刚开始有这方面的理论导向，我们应该发动全社会的力量，尽快完善其网络道德教育体系，作为网络的重要应用者，高校对网络道德教育建设有着义不容辞的责任。

### （五）"学会做人"的教育应贯穿道德教育的始终

"学会做人"应该是道德教育的基本要求，道德教育首先就是要教会学生如何做人，做一个什么样的人。但这一要求又是道德教育的最高要求，如何做一个人，做一个什么样的人，这是一个人一生要不断思考和践行的事，甚至也是整个道德教育要不断追问和实践的事。学会做人，说起来简单，实际上却包含着大智慧、大学问。我们的整个道德教育都是在不断地探索怎样教会学生做人。学会做人的教育应该是教育的根本和道德教育的归宿。

不会做人的人，是不会成才的，对国家、对人民、对家庭也不会有什么好处。做人是成才的内容和要求。任何人都要学会做人，会做人是成才的基本素质，也是评价和考核人才的根本标准。做人的核心是拥有爱心。学会做人，这是我们每个人都要面对的问题。不管一个人有多少知识，有多少财富，如果不懂得做人的道理，这个人最终不会获得真正的成功和幸福。一个人的人格魅力来自学术水平和道德情操的完美统一，表现为健康的价值观、高尚的道德情操和渊博的知识，这就需要把做学问、做事、做人完美地结合在一起。

道德教育是人的教育中首要的一环，也是教育中最有难度的一环。搞好道德教育，是各个国家和学校的首要任务。在新形势下，我们面临着新的挑战、新的任务，如何把这个挑战和任务当作我们改进道德教育的动力，是一门很大的学问，这需要全社会的智慧和支持。学校只是道德教育的一个场所，它能起多么重大的作用是依赖于整个社会教育的支持程度的，我们有信心和能力搞好道德教育建设，在新时代、新形势下，高校道德教育必须有所作为，才能使我们整个教育水平跟上时代的发展，促进时代的发展和进步。

# 第二节  高等学校德育方法创新的基本路径

## 一、高等学校德育方法创新的原则

### （一）科学性原则

高等学校德育方法的科学性原则，要求德育工作遵循大学生思想活动的规律，遵循德育工作的客观规律，遵循高校历史发展的科学规律，克服盲目性与随意性。我国高等学校德育工作一直以马克思主义科学的世界观和方法论为指导，又与其他学科知识紧密联系，吸收其他学科知识的精华，这进一步拓展了高等学校德育的视野，加快了高等学校德育方法创新的步伐。

现代科学技术的发展，特别是互联网技术的发展，对我国的政治、经济、文化、军事等社会各个方面都产生了影响。互联网进入高校以后，对学生的思想观念、生活方式和身心健康等带来了潜在的、深远的影响。原有的德育方法在互联网时代完全不适用了，只有及时把握现代科学技术发展要求，尽可能地把先进的科学技术运用到对学生的教育之中，才能跟上科技发展的时代步伐，也才能增强德育的效果。高等学校德育工作是对大学生进行教育的工作，因而高等学校德育工作者应把正确的政治观点、政治立场和政治方法放在首位，在实践中接受互联网对高等学校德育工作的影响，改变传统的德育方法，为此，德育工作者要用科学的世界观、方法论武装自己，使自己具有正确的思想观点、政治立场、思维方法和教育艺术。只有这样，才能使德育工作具有强大的感染力、吸引力、说服力和战斗力，从而提高大学生的德育水平。因此，高等学校德育方法一定要坚持科学性的原则，只有这样，高等学校德育才能沿着正确的路线不断向前发展。

（二）主体性原则

人的全面发展，是以一种全面的方式进行的。高校中的"以人为本"，就是以学生为根本，尊重学生的主体地位，以此来满足学生的自主性和独立性要求。主体性德育是对传统德育方法的一种超越。

然而，当前高等学校德育与大学生的现实生活相脱节，没有把贴近大学生思想实际、贴近大学生的实际生活作为开展德育工作的必要手段，这样就不能开展有针对性的德育工作，从而无法取得良好的德育效果。

因此，高等学校德育方法创新要坚持主体性原则，把着眼点放到教育对象主体性培育上，培养大学生的积极性与主动性。知与行不能脱节，不能把德育看作一种强制教育，而应该把德育内容化为大学生的品质，根本上增强德育效果。

（三）层次性原则

人的发展是有层次的。当前，国家的快速发展、改革开放的深入人心和高等教育的普及，使我国高校发生很大变化，高校教育由"精英教育"发展为"大众教育"，这种情况下，在德育过程中，德育工作者更应注重平时的积累，把握不同的教育对象所具有的不同特点，有的放矢，因材施教，坚持普遍性和特殊性相结合的工作方针，这对于增强高等学校德育实效有着至关重要的作用。

第一，根据受教育者各项综合素质的不同特点，找到适合学生的德育工作方法。伴随着高校大学生人数的增多，一些大学生由于生活、学习、社会、学校和家庭等各方面的差异，表现出不同的特点。从德育水平来说，大学生整体德育水平比较高，但是由于受到外界的影响，一些大学生对德育水平评价标准提出质疑，因此，德育水平评价标准的随意性比较大；从互联网的影响来看，由于互联网传播信息的方便与快捷，这种新的德育载体更容易被大学生接受，互联网在带来有益信息的同时，消极信息的纷至沓来冲击着一些立场不坚定的大学生的思想……因此，德育工作者要具体情况具体分析，找到适合学生的德育工作方法。

第二，增强德育方法的层次性，应该区别教育对象学习目的的多样性。由于教育对象综合素质的层次不同，不同教育对象的学习目的也就不同。大学生德育工作要分层次、有重点、循序渐进，努力贴近社会、贴近生活，充分调动各部分学生的积极性、创造性和主动性，使各种不同层次的大学生转变学习态度，真正去接受学习，从而向更远大的目标迈进。

### （四）有效性原则

高等学校德育工作在德育实践中一定要注重有效性原则。在德育工作中德育工作者不充分重视有效性原则，不利用有效的德育方法解决大学生问题，其结果就是德育目标无法实现，德育任务无法完成。高等学校德育工作者，在德育过程中要及时发现大学生的问题，并运用恰当的教育方法及时解决问题。对已经出现问题的大学生，德育工作者应该深入调查出现问题的原因，找到切实可行的方法，从根本上发现问题的解决办法。

高等学校德育工作是一项系统而又烦琐的工程，仅仅坚持以上四个原则是不够的，它需要各个方面的原则作为支撑，做到社会教育、学校教育和家庭教育三者的结合，共同促进高等学校德育工作的发展，改进原有的高等学校德育方法，从根本上增强高等学校德育的有效性。

## 二、高等学校德育方法创新的具体内容

### （一）坚持生活化教育方法

高等学校德育方法越贴近生活，越能体现教育中的"以人为本"，越能发挥人的主体性，引发人的内在创造力，体验生活的美、教育的真正内涵，形成文化、社会、个性协调发展的生活环境。

大学生的成长是一个漫长且复杂的过程，德育发展与时代的发展紧密联系在一起，在大学生的日常生活中渗透着德育，德育贯穿整个大学生活。生活化的德育注重生活实践，因此，德育应从生活中来到生活中去。当代高校的德育方法需要改变传统的单一灌输和说服教育的方法，应善于突出学生的主体性，组织学生自我教育、自我管理，使高等学校德育工作真正做到贴近学生、贴近生活实际，作为一项重要的内容，引导学生正确地认识自己，不断改善自己的道德认识与行为习惯，在活动实施上突出保护自我心灵，发掘自我经验，关注自我行动，促进自我发展。高等学校德育是与时代特点紧密相连的，我们的德育工作者更应从大学生的生活实践中对其进行教育，关心大学生的生活，让大学生得到身心的全面教育，在德育课堂上利用"道德两难问题"启发学生，让学生思考和检验自己的道德立场，反思自己的行为，让广大青年学生真正从日常生活实践中得到教育。

因此，高等学校德育方法的生活化，是时代发展的需要，是社会进步的需要，是促进高等学校德育发展的需要。高等学校德育方法只有贴近现实、贴近生活、贴近社会，才会为社会发展培养更多合格的高素质人才。新时期高等学校德育应该更加注重生活化的教育，在生活实践中潜移默化地教育广大青年学生，为社会培养更多德才兼备的高素质人才。

## （二）坚持隐性教育的方法

我国高等学校德育工作一直以显性教育为主。随着社会环境的复杂多变，仅仅依靠书本知识的教育是不够的，还必须注意在显性教育的影响之外运用一些潜移默化的教育，这样才能提高德育工作的实效。隐性教育作为和显性教育相对立的一个概念，是由西方学者首先提出并具体实施的。关于隐性德育课程，学术界还没有统一的定论。我们认为，隐性德育课程是指广泛地存在于课内外、校内外教育活动中，间接的、内隐的，通过社会角色无意识的、非特定心理反应发挥作用的德育影响因素。

高等学校德育工作必须以大学生德育品质的形成和发展为基础，大学生会受到外界环境各种因素的影响，同时也会受到一些环境因素的隐性影响，如社会政治环境、经济环境、文化环境等。这些因素对大学生德育的影响一般是非计划性、无目的的影响，虽然不能取得立竿见影的效果，却在无形中会对大学生产生一种潜移默化的影响。高校环境建设包括物质环境建设和精神环境建设。物质环境包括学校的建筑、学校的配套服务设施等。这是学生基本的物质需要，是高校必备的物质基础设施。精神环境的建设包括教育者传授知识、校园文化的建设、校园网络管理等。随着网络的普及和发展，其传播信息的方便性、灵活性、娱乐性和速度快的特点，使广大高校学生更容易接受网络这个传播信息的新兴载体，这需要高校运用正确的教育思想占据学校的主流文化阵地，构筑健康的校园文化，更好地教育广大青年学生，提高他们辨别是非的能力。

高等学校德育工作者在传授理论知识的同时，要根据时代的发展变化开展具有时代特色、现实感和历史感的理论课程，强化学生的历史观念和爱国情感，用事实和网络开展生动、鲜明的社会实践和理论讲座，从不同的学科教育中渗入德育观念，培养大学生积极乐观地探索知识，对待学习、工作和生活的态度。这是高等学校德育工作者肩负的重要责任。

因此，高校应该开展一些互动性和娱乐性比较强的文化活动，使大学生在耳濡目染中受到德育熏陶和影响。另外，利用大众传媒网络载体，对大学生进行宣传教育，发挥德育的隐性影响，使大学生在德育品质情感培养和行为方式等各个方面受到潜移默化的教育，从而完成德育任务，实现德育目的。

### （三）坚持自我教育的方法

自我教育法是受教育者按照思想政治教育的目标和要求，主动提高自身思想认识和道德水平，以及自觉改正自己错误思想和行为的方法，简单地说就是人们自己教育自己，自己做自己思想政治工作的方法。

大学生健康成长不仅需要外在的教育，还需要大学生对自己的约束和管理，他们不仅要接受课堂教育，还要进行自我教育，即自我认识、自我监督、自我调整等。而自我教育恰恰就是为了提高自我约束、自我控制和自我管理的能力。

高等学校德育工作者的首要任务就是培养大学生自我教育的能力，为大学生的自我发展创造条件，增强德育的实效性，达到德育工作的目的，完成德育工作的任务。德育工作者在大学生的学习和生活中，应该采取自我批评、自我表扬和自我激励相结合的方法，充分发挥学生学习和参与实践活动的积极性与主动性，加强大学生的自我管理和自我服务能力。在实践中，德育工作者还要善于运用榜样的力量和先进事迹的影响作用，使学生既有奋斗目标又有赶超的态度，从而提高学生的自我教育能力。

自我教育并不是德育工作者不负责任、任由学生的自由教育，而是根据大学生之间有相互影响的特点进行的独立教育。自我教育是一种特别强调主体意识的教育方式，需要大学生之间相互鼓励、相互影响、相互批评，需要大学生独立地发现问题、自我解决问题，为自我教育创造条件，从而提高自我教育的能力。

### （四）坚持心理咨询教育的方法

各高校要积极创造条件建立大学生心理健康教育工作体系，面向全体大学生开展经常性的心理辅导或咨询工作。此外，还要通过个别咨询、团体咨询、电话咨询、网络咨询、书信咨询，班级辅导、心理行为训练等多种形式，为大学生提供及时、有效、高质量的心理健康指导与服务。因此，高校必须建立比较完备的心理健康教育系统，组成专门的心理健康机构，针对大学生表现出来的心理问题，及时发现，及时解决，提高大学生的心理素质和抵抗挫折的能力，保证高等学校德育工作的顺利进行。

心理咨询主要是在意识层面进行的一种教育性、指导性比较明显的活动，它不仅是保护人们身心健康所必需的，而且是塑造健全人格、开发人们潜能的有力手段。要发挥好心理咨询的作用，必须在设立心理咨询中心、开通心理咨询热线等传统形式基础上，把心理咨询工作做实、做细。要组建心理健康教育三级网络，即心理咨询中心、心理辅导员队伍和大学生心理健康协会，此外，还要建立心理咨询网站，开展网上心理咨询服务。当前的大学生受到各种因素的影响，在发展个性化的同时出现了一些心理问题，如心理承受能力差、自理能力不强、抗压和抗挫折能力差等。大学生所表现出来的各种心理问题，已经影响了校园和谐的生活和学习氛围。高校更要注意加强大学生的心理健康教育，把心理咨询教育融入所传授的知识，经常性地开展心理健康讲座，运用生动有趣的传播方式组织大学生进行心理健康教育，增强大学生抵抗挫折的能力，加强教育者与教育对象之间的相互信任和相互理解，从根本上增强高等学校德育工作的实效性。

德育工作者作为与高校学生直接接触的教育者，在日常学习和工作中，应积极加强心理教育知识方面的学习，恰当地运用新的观点和新的方法帮助大学生解决问题，加深对心理咨询这一新兴德育载体的认识，在学习和生活中，与大学生交换意见，了解大学生的心理动态，循循善诱地解决大学生心理问题。

### （五）坚持综合性的教育方法

所谓综合性教育方法，就是以唯物辩证法关于全面的观点、联系的观点和发展的观点为指导，运用系统论的方法，把各个方面或各种方法的思想政治教育有机联系起来，使之成为具有最佳教育作用的教育整体。可以说，综合性的教育方法是德育教育整体合力的过程。

加强和改进学生德育工作，首先要提高促进大学生全面发展的能力，解决好"培养什么人、如何培养人"这个事关国家长治久安、事关中华民族前途命运的根本问题。高校如果要从根本上增强德育的实效性，就要改变传统的、单一的教育方法，改变脱离时代的发展的德育方法，贴近社会，贴近大学生的生活实际，把多种德育方法互相联系起来，共同开展德育工作。

应对不同的、单个的德育方法进行选择、综合和重构，对受教育者的生活环境、工作环境、性格、特征等各方面进行透彻了解，根据需要创造出一种与受教育者相适应的综合教育方法和模式。在这一德育工作过程中，高等学校德育工作者应该综合考察各个单独的德育方法，使相互联系、相互影响的德育方法充分融合，然后对不同的教育对象进行彻底分析，针对他们不同的需要，有针对性地运用综合式的德育方法。在高校中实施综合式的德育方法，需要适应大学生不同的实际状况，综合分析大学生各自不同的特点，进行高效率的、符合实际的德育教育。针对大学生出现的思想问题进行德育教育，从而纠正大学生的错误，有层次性和有针对性地运用综合式的教育方法，这是德育工作者德育工作取得成效的关键。

总之，高等学校德育工作方法创新的内容涉及很多方面，需要全方位、多侧面地多方共同努力，不断地开发新的德育资源，改变传统的高等学校德育工作方法，使高等学校德育工作方法在实践中得到发展与创新。我国高等学校德育在新时期的发展趋势是，有针对性地抓好德育工作，增强高等学校德育的实效性，从而使高等学校德育工作方法更具有科学性与时代性。

## 三、高等学校德育方法创新的着力点

新时期高等学校德育方法创新，是通过利用社会教育、学校教育、家庭教育"三位一体"的德育资源来实现的。高校在强调德育重要性的同时，应该开发多种德育资源，使德育方法不断得到创新，从根本上解决我国高等学校德育存在的问题，从而促进我国高等学校德育的发展，实现德育的目的，完善德育的内容，完成德育的任务，增强高等学校德育方法的实效性。

### （一）确立实践式的高等学校德育方法

众所周知，实践的观点是辩证唯物论认识论之第一和基本的观点。人们思想观念的形成、发展都离不开实践。随着高等学校德育的发展，对于高校来说，仅仅依靠书本上的理论知识开展教育已经不能满足社会发展的需要。理论与实践相结合的德育方法在这样的社会条件下发展起来。

实践式的教育方法，就是组织、引导人们积极参加多种实践活动，不断提高人们的思想觉悟和认识能力的方法，即在改造客观世界的过程中同时改造自己主观世界的方法。实践式的教育方法也可以叫实践锻炼法。实践对于高校来说，作用更为突出，高校是为社会培养高素质人才的主要场所，实践式的教育方法关系着高等学校德育能否成功。由于当前大学生的大部分活动时间和空间主要集中在课堂、学校，实践锻炼法的运用还需要教育者精心的策划，这需要教育者付出大量的时间和精力，有的教育者因此而消极对待，造成此类方法的运用多流于形式，因此，实践锻炼法受到了很大的限制。高校在传授理论知识的同时，应该经常组织大学生进行社会实践，深入了解社会，了解生活的真正内涵。

为此，高校应该充分利用多种德育资源，使德育资源成为大学生接受德育的外界条件。只有这样才能充分调动学生的积极性，使学生以高昂的热情积极地投入实践锻炼，从而提高学生参与社会实践的能力与适应社会的能力。成功的高等学校德育不但要求大学生有丰富的专业知识，还要求大学生具备社会实践的能力。是否理论联系实践，是衡量高等学校德育的重要标准之一。

德育效果的好坏必须用实践去检验。实践式的高等学校德育方法是与整个社会的发展紧密联系、与时俱进的德育方法，是高等学校德育工作者在长期的德育工作中积累的宝贵经验。这种实践式的高等学校德育方法有利于提高大学生适应社会的能力以及人与人之间交往的能力，能够引导大学生积极地参与竞争，通过实践培养人与人之间的团结合作精神。

## （二）确立渗透式的高等学校德育方法

高等学校德育的一个主要特点就是需要重视德育潜移默化的影响，大学生的大部分时间都是在接受无意识教育。我国高等学校德育存在的一个弊端就是传统德育方法的广泛应用，传统德育方法主要强调的是正式课程的显性影响，一定程度上忽视了隐性课程的渗透教育，使德育的实效性得不到加强。而在新时期，我们在强调创新传统德育方法的同时，应重视加强德育的渗透影响，开展各种形式的非正式课程，形成潜移默化、渗透式的德育影响。

隐性教育课程是与显性教育课程有着显著区别的概念。隐性教育课程具有以下几个特点：首先，从影响结果来看，隐性教育课程是学业成绩之外的非学术的影响，更多地体现在对学生价值、情感和意志等方面的影响上；其次，从影响环境上来说，它是一种潜存于班级、学校和社会中的隐含性、自然性的影响；再次，从影响的计划性角度来看，隐性教育课程是非计划、无意识和不明确的影响；最后，从影响的效果上来看，因为隐性教育课程是一种潜移默化的影响，所以，它的影响不是立竿见影的，却具有积累性、迟效性、稳定性或持久性。高等学校德育中渗透式的德育方法，更加强调高等学校德育潜移默化的影响作用，要求高校在德育过程中根据时代的发展变化转变德育的传统思想观念，开展各种各样的活动，在实践活动中渗透德育教育，从而在无形之中使大学生受到教育，形成以学生为中心、以情境为中心、以活动为中心的新局面。高等学校德育应该把显性教育与隐性教育有机结合起来，增强高等学校德育的良性发展和良性循环，从而使高等学校德育取得预期效果。

因此，高等学校德育中渗透式教育方法已经成为新时期高等学校德育发展的趋势，是从根本上促进高等学校德育方法创新的一个主要依据，对高等学校德育方法的创新具有深远意义。

### （三）确立高科技引导式的高等学校德育方法

引导法就是启发诱导，教育者指导受教育者主动、积极、自觉地提高思想认识的方法。这种方法十分强调发挥受教育者的主动性，激发受教育者思考的积极性，增强受教育者接受教育的自觉性。

高等学校德育的发展，最主要的是要适应时代的发展与变化，利用科技的发展成果促进高等学校德育方法的创新。目前，高等学校德育方法的单一、手段的陈旧及接收信息的狭隘性，使高等学校德育方法无法得到创新，延缓了高等学校德育方法创新的步伐。特别是随着我国科技的发展，获得信息变得更加方便与快捷，这促使高校必须改变传统的德育方法和手段，只有这样才能增强德育的实际效果。而西方国家利用高科技的信息传播途径宣传本国的价值观念，引导学生对本国价值观念的认同，这种做法值得我国学习。

高校在对大学生进行教育的同时，重视对学生的日常行为管理，制定了一些规章制度对大学生进行管理与约束，这在一定程度上有利于形成良好的学习氛围和校园文化氛围，这种做法在科技发展日新月异的今天显得尤为必要。随着科技信息时代的到来，学生获得信息不单单依靠教师的传授，更多的信息可以通过网络获得。教师的主体地位发生动摇，而学生的自主意识和自主行为意识日渐增强，面对这样的情况，高等学校德育工作者一定要紧跟时代步伐，利用网络来充实自己的知识储备，利用生动有趣的多媒体教学课件把学生的注意力集中到课堂上，从而达到对大学生进行教育的目的，此外，还要注意引导大学生的思想行为向积极、乐观、向上的方向发展。对于高等学校德育的发展而言，引导式的德育方法是我国高等学校德育发展的大趋势，也是我国高等学校德育工作者工作的重中之重。

### （四）确立预防式的高等学校德育方法

预防教育，就是针对人们可能或将要发生的思想问题与行为偏向，事先进行教育，防止思想问题与行为偏向发生，或者将思想问题与行为偏向制止、消灭在萌芽状态。而所谓的预防教育法，就是预测人们可能或将要发生的思想问题，事先进行思想政治教育，防止和避免思想问题产生的方法。预防式的高等学校德育方法是在高校之中实施起来比较困难的一种德育方法。由于大学生的多样性、层次性与复杂性的特点，预防式的教育方法在实施的过程中有一定的困难，德育工作者必须深入学生，了解学生的不良思想动态和思想问题，采取措施，使还没有表现出来的问题得到解决。这是一种超前教育形式。

首先，预防教育能增强德育教育的先导性。高等学校德育有利于帮助大学生确立正确的世界观、人生观和价值观，坚定大学生共产主义的信仰，防止大学生错误思想的产生，对大学生具有一定的先导作用。因此，高等学校德育工作者在平时的德育工作中要善于观察，及时发现问题，把握大学生的思想动态，预防可能发生的问题，只有做到预防，才能使问题消灭在萌芽状态，德育工作才能发挥积极作用。

其次，预防教育能提高高等学校德育的主动性。大学生受到社会各种因素的影响，需要德育工作者采取预防教育，及时纠正即将出现的问题，端正方向。为了避免消极影响的发生，德育工作者在教学之中需要以正面教育为主，使学生接受正确的思想，从而避免各种问题的产生。

最后，预防教育能强化思想政治教育的有效性。高校在德育过程中，通过对大学生进行预防教育，采取显性教育与隐性教育、明示教育与暗示教育相结合的方法，能从精神上帮助大学生树立坚定的政治信仰，防止和抵制错误思想和错误行为的发生，帮助大学生端正学习和生活的态度，抵制一些消极、不良的情绪，提高大学生道德水平和辨别是非的能力。

高等学校德育方法中的预防教育拉近了教师与学生的距离，只有深入了解大学生的思想变化和大学生的日常生活，才能有效防止错误思想和行为，从根本上对大学生进行德育教育，促进高等学校德育方法的创新与发展，开创高等学校德育方法创新的崭新局面。

综上所述，高等学校德育方法创新的着力点，主要应强调高校确立实践式、渗透式、高科技引导式及预防式的德育方法，这样不仅可以拓宽研究高等学校德育方法创新的视野，还可以改变高等学校德育方法创新的现状，从而达到高等学校德育方法创新的目的与效果。

# 第五章　高等学校德育教育引入传统文化的创新

## 第一节　传统文化在大学生德育教育中的科学利用

### 一、中国传统文化对大学生德育教育的意义

中国传统文化蕴含着深厚的德育教育资源，不论是教育理念、教育原则、教育内容还是教育方法。加强中国传统文化在大学生德育教育中的利用，不仅能够丰富大学生德育教育的理论资源，更对新时期开展大学生德育教育在价值观和方法论等多方面，具有重要的指导和启示意义。

（一）培养大学生爱国主义精神

爱国主义被人们形象地称为中华民族的民族之根、民族之母、民族之魂，历经几千年而不朽，始终是我们中华民族的主题思想和精神支撑。爱国主义是一种道德规范和行为准则，表现在个人对国家的忠诚与热爱。中国传统文化中"天下为公"的爱国主义思想，一直为历代爱国主义仁人志士所推崇。在爱国主义旗帜的召唤下，我们中华民族形成了不屈不挠、勇于进取的民族气节，形成了"国家兴亡，匹夫有责"的爱国主义意识，对推动中华民族的历史起到了至关重要的推动作用。当前，国际国内形势复杂多变，在这样的复杂环境下，我们更应该重视培养大学生的爱国主义思想。当代大学生深受悠久的中国传统文化熏陶，更应该继承爱国主义传统，勇敢地担当起自己的历史使命和责任，将赤子之心全部无私地奉献给祖国和人民。通过中国传统文化中所蕴含的爱国主义思想来教育当代大学生，能够使他们清醒地认识到个人利益与国家整体利益是息息相关的，培养大学生形成自觉地以义统利的高尚情操，能够正确地处理个人与国家之间的利益关系，促使大学生能够培养对国家的忠诚，毫无保留地将自己的知识才能奉献给国家和人民，做到无愧于国家和人民，努力成为有理想、有志气、有气节、有尊严的好青年。

（二）帮助大学生树立正确的人生观和价值观

大学生在思想行为、道德认知和心理等方面有了一定的发展，但是，因为社会阅历较

浅，因此，总的来说，他们的思想还不够成熟。这个时期也正是大学生形成人生观和价值观的关键时期。大学生德育教育要面对大学生自身的缺陷，比如，他们有着先进的创新意识，但在处理问题的时候，却缺乏艰苦奋斗和持之以恒的决心。同时，我们更应该注意到外界因素的影响，当前，我国正处于新旧体制的交换时期，市场经济运行下的新型思想道德体系标准还未完全建立，加上各种不良社会思潮和现象的冲击，使部分大学生的人生观和价值观出现了功利化、金钱化的扭曲，对他们的人生观和价值观的形成产生了极大的副作用。目前，大学生思想行为上出现的重个人利益轻国家集体利益、重物质利益轻人文素质、重金钱而轻理想等现象，不能不引起广大德育教育工作者的重视，加强对大学生的人生观和价值观的教育已经是箭在弦上不得不发了。

如何培养大学生树立正确的人生观和价值观呢？我们不妨从中国传统文化中去汲取养分。中国传统文化中将追求高尚的道德人格作为主要思想。比如，前面我们提到一些好的道德思想和教育方法，对于塑造大学生良好的道德人格有着良好的借鉴作用。中国传统文化有助于培养大学生形成传统的、朴实的思想品格，使大学生在处理个人与他人、个人与国家、个人与自然时，能够保持正确的思想观念。比如，自省慎独的修身思想对培养大学生个人的人生观和价值观有着不可估量的作用。它那种自尊、自重、自律、自强的精神，对我们今天的大学生德育教育也很有启发和教育意义。当代大学生应继承与发扬中国传统文化中关于人生观、价值观的优秀思想，树立正确的人生观、价值观，造就理想人格，为推动中国传统文化的发展和中华文明的进步做出自己应有的贡献。

## （三）丰富高等学校德育资源

长期以来，我国高等学校德育教育已经形成了刻板的、强制的、灌输式的教育模式。目前，我们的高等学校德育教育不是向大学生传授他们所需要的关于个人品行养成的内容，更多的是片面强调政治教育。这种片面的德育教育模式歪曲了德育的本意，导致了当代大学生重说教、轻实践，重外律、轻内修，使高等学校德育教育严重背离了大学生的成长成才。同时，德育教育效果还得不到充分的体现，德育教育的社会价值就更无从谈起。

良好道德素质的养成不是一蹴而就的。众所周知，德育教育是一个由道德认识的掌握、道德认识的内化和道德行为的实践三个阶段组成的，道德素质的养成是需要经历不断的道德认识的内化和外延的长期的复杂过程。每一个阶段的发展变化都是和受教育者的主观能动性息息相关的，这与中国传统文化中所提倡的自省慎独的自我修身思想是相统一的。自我修身的思想观点突出了学生主体内在的道德自觉性，为我们在德育教育过程中，充分发挥学生主体的主观能动性指明了方向。

同时，德育教育工作者应该改变以前那种灌输和强制的传授知识的方法，转而树立学生自我修养才是进行德育教育实现高效性的思想观念，帮助学生进行自我品行的培养，使学生自觉地遵守道德规范，从而实现德育目的。在教育目标上，中国传统文化中有教无类，因材施教的思想告诫教育者，应该力求遵循学生的个体性差异，施以不同的教育内容或方式，使每个不同的学生都形成独立的思想和人格，这才是德育教育的目标，也是保证德育教育取得实效的前提。在教育方法上，中国传统文化中倡导运用启发诱导的方法来激发学生追求道德理想的兴趣，使学生不再沉溺在枯燥无味的课堂教学内容中，养成好学、善学、乐学的习惯，实现学生的道德自立。

中国传统文化的诸多优秀思想内容和教育方法，对于引导学生自我认识、自我反思、自我实现、自我超越，最终完成自我教育，提高自身修养，意义重大。如果高等学校德育教育中能够科学合理地利用中国传统文化中的这些思想和方法，终有一天，我们高校的德育教育会实现真正的"不教之教"。

## 二、中国传统文化在大学生德育教育中的实现策略

### （一）营造具有浓厚中国传统文化氛围的环境

一个人不可能独立于社会之外而生存，只有在社会环境的影响下，才能形成一定的价值观念和道德品质。随着高等教育教学改革的深化，学校已经改变了以往封闭式的管理，逐步走向开放。这种变化的出现使大学生接触社会的机会越来越多，同时受到了社会上各种社会思潮、价值标准的强烈冲击，影响了大学生的人生价值取向。社会环境是一种更广泛、更重要的教育，学校教育只是个人成长阶段的一段插曲，而不是教育的全部。学生在学校接受教育时，不可避免地还要同时接受社会教育。因此，为了在大学生群体中很好地继承和发扬中国传统文化，必须通过切实可行的措施，营造富有中国传统文化气息的社会环境，营造一个全社会尊重和倡导中国传统文化的良好社会环境。

#### 1. 社会环境的营造

首先，教育、文化等相关政府部门要切实加强政府的主导地位，从制度上对中国传统文化进行普及和保护，促进中国传统文化的发扬光大。比如，制定相关的目标责任和体制机制建设，将中国传统文化教育纳入公民道德体系建设的总体规划中来，将中国传统文化教育放到优先发展的战略地位，做到思想上高度重视，财力和人力上大力支持，使中国传统文化的传承有据可依、有章可循，真正落实到大学生生活的方方面面中去。同时，注意激发、培养大学生学习中国传统文化的热情和兴趣。比如，各地应多开展各种有益的中国传统文化教育活动，诸如中国传统文化知识讲座、传统文化宣传月等活动，以大学生所喜闻乐见的形式，对中国传统文化进行推广。其次，政府要在大力营造良好社会环境的同

时，采取有力措施加大惩治社会不良风气和丑恶现象的力度，根除丑恶的不良风气，净化社会环境。比如，社会上存在的不健康的娱乐方式、腐败问题、信用问题等，严重不符合中国传统文化价值观的现象和行为。最后，我们应重视民间中国传统文化的保护，积极发展民间保护组织。由于中国传统文化历史悠久、种类繁多，导致许多文化遗产未能得到政府部门的重视和有效保护，使其处于自生自灭的境地。而民间保护组织因为缺乏资金、人力等原因，又难以承担中国传统文化保护和传承的主要职能，造成许多优秀的中国民间传统文化面临消失的危险。为此政府有责任整合资源，调动一切社会力量，加大对民间组织的扶持力度，形成全民参与到中国传统文化保护的局面，依靠人民自发地保护来传承和发扬中国传统文化。另外，我们还需要大力树立典型，针对社会上出现的好人好事、典型事迹要大张旗鼓地予以宣传报道，使广大群众坚信感动就在自己身边，自觉形成中国传统文化价值观。

### 2. 舆论环境的营造

随着社会的进步和发展，传媒技术的不断革新和高速发展，加快了文化的传播速度、广度和深度，应该对中国传统文化知识的传播发挥日益重要的作用。但是，目前我们对中国传统文化的传播力度严重不足。各级各类新闻媒体为了经济利益，多进行广告、选秀、追星，以及一些无聊的娱乐节目播放，缺少中国传统文化的舆论导向。这样有可能导致大学生对中国传统文化的认识不清甚至是误解，使中国传统文化的传播严重受到干扰。只有通过媒体的宣传和舆论导向，才能使中国传统文化走进我们的生活，才能让中国传统文化重新深入人心。因此，我们要充分发挥大众媒体的积极作用，不要仅仅为了追求经济利益而忽视了社会效益。大众媒体要切实担负起中国传统文化传承的纽带和桥梁作用，努力创作一些能够符合时代特征的、符合民族特色的、能够陶冶情操的优秀文化作品，努力做中国传统文化的生产传播者，引导大学生树立正确的中国传统文化观念，提升审美水平和道德修养。

### 3. 校园文化环境的营造

校园文化是学校的生命所在，是学校全体师生在长期的教育教学实践过程中积累的精神财富，一所历史悠久的学校必然有着深厚的校园文化底蕴。校园文化环境对大学生的影响是无形和巨大的，我们应该努力营造具有深厚中国传统文化底蕴的校园文化环境，使每一个学生都处于这种氛围的熏陶中。

我们应该在学校宣传栏和走廊墙壁上多布置一些中国传统文化中的名言警句，多悬挂一些民族英雄和历史名人的肖像，使中国传统文化与校园环境建设有机地结合起来，巧妙地打造一个精致而富有中国传统文化气息的环境，潜移默化地引导学生热爱中国传统文化。另外，采取学生喜闻乐见的方式，将中国传统文化融入丰富多彩的校园文化活动中。例如，邀请在中国传统文化方面有较深造诣的专家学者来进行专题讲座，举办中国传统文化经典朗诵、传统文明礼仪培养等。通过开展各种有关中国传统文化的活动，使学生在学习中国传统文化知识的基础上，不断提升自己的思想境界；再者，应该充分发挥学生社团的作用，多成立一些与中国传统文化有关的学生组织。在教师的指导下，通过学生自我管理、自发组织各类活动，既为自己营造一个良好的中国传统文化氛围，又丰富了校园文化环境的内涵，最关键的是，可以自己亲身领悟到中国传统文化的精华，这更有利于学生对中国传统文化知识的内化和升华。

### 4. 家庭环境的营造

父母是学生的第一任老师，家庭是学生接触的第一个环境，父母的一言一行和家庭环境的熏陶，对学生的一生都将产生永不磨灭的影响。努力消除家庭环境中影响学生成长的负面因素，营造一个富有中国传统文化气息的家庭环境，将有利于学生对中国传统文化的认可和接受。但是，在现实环境中许多父母没有对孩子进行中国传统文化的引导和教育，甚至部分家长认为，中国传统文化等各方面比发达国家要差得远，认为孩子用来学习语文、历史的时间还不如用来学习英语，在思想上存在一定的崇洋媚外心理。同时，因为各种原因，有的父母缺少时间和孩子进行交流，更没有时间去引导孩子学习中国传统文化；有的父母则违背孩子的意愿，整天强制学生学习与中考、高考有关的知识，而忽视了对孩子进行正确的中国传统文化教育，尤其是传统德育观念。父母应该意识到，这种错误行为和思想对孩子的影响，应该培养自己拥有良好的传统文化素质，能够对子女出现的困惑和迷茫进行疏导，能够做子女的良师益友；父母不能因为子女处于大学阶段，就放松对他们的管理和要求，因为这个阶段的孩子正是价值观形成的主要时期，父母应该更加重视对子女的品德教育，健全子女的人格和道德素质；对于离开父母开始独立生活的大学生来说，父母应该充分信任和理解，尊重子女的思想和自由，同时，又要多关心他们，多了解他们的想法；父母要加强与教师的沟通，配合学校做好孩子的教育管理工作。

### （二）充分发挥大学生的主体地位

大多数大学生认为，中国传统文化对自己是有帮助的，并对学习中国传统文化有着浓厚的兴趣，这就为我们在大学生群体中有效地开展中国传统文化教育奠定了基础。问题的关键是，我们应该如何发挥大学生自身的主观能动性，充分将他们对中国传统文化的兴趣转变成学习的动力，能够主动和自主学习。

### 1. 大学生要认识自我

目前，我国处于政治、经济、文化等各方面转型的关键时期。这一过程是长期的、复杂的、痛苦的，必然引起大学生传统的思想道德观念、行为规范和价值观念的颠覆，导致大学生"主体性"的迷失。例如，部分大学生追求物质享受、功利化的同时，产生了基本道德规范失衡、责任感缺失等不良行为。目前，社会发展要求的不仅仅是需要纯技术型、知识型的人才，更多的是，需要具备综合素质的综合型应用人才，尤其看重道德品质。这就要求大学生不仅要具备某项知识技能，还要具备良好的文化素养和道德品质。

大学生如果清醒地认识到自己的处境，认识到自己在中国传统文化素质和道德观念的缺失现状，相信他们会改变原来的初衷，在努力学好专业知识的同时，自觉地努力学习中国传统文化知识，不断提高个人道德修养和传统文化素质，把自己培养成德才兼备的、社会需要的优秀人才。

### 2. 大学生要认识中国传统文化的价值

中国传统文化素质的培养是一个长久的过程。但是，目前部分大学生却存在急功近利的思想，难以坚持学习中国传统文化，也难以看到中国传统文化为他们带来的长远益处。而在全球化的冲击下，各种思潮和多元文化使大学生难以抉择和把握。尤其面对发达国家的文化冲击，使部分大学生放弃了中国传统文化，转而在欧美文化中寻找出路和精神寄托。看看我们的身边，无论是服装、娱乐方式、饮食还是传统节日，部分大学生都选择了欧美的舶来品。大学生有必要对中国传统文化的价值有一个正确的了解。中国传统文化博大精深，尤其是它包含着丰富的德育思想和个人修身的方式、方法，在历史传承下来的古典经史子集、诗词歌赋中都有所体现，其内容丰富，思想深奥，形式多样，富有感染力，是我们现代人所望尘莫及的。大学生要深深地去品味和理解中国传统文化中的独特价值和魅力，认识到中国传统文化在中国几千年的历史中发挥的重要作用，认识到中国传统文化对个人发展所具有的重要价值。

### 3. 大学生要重视实践

中国传统文化中强调道德认识与道德实践的统一，即要做到"知行合一"。大学生的道德认识与道德实践是否相互统一，是衡量其价值观念成熟的主要标志，是决定大学生将来成人成才的主要内因。但是，目前大学生的道德认识和道德实践却存在严重的脱节现象。大学生不仅要认识中国传统文化价值，树立正确的价值取向，提高学习的兴趣和热情，更要积极地参与和落实到社会实践中去。在为祖国和人民服务，为社会做贡献的实践基础上，不断感受、内化、固化已经形成的中国传统文化价值观。从生活中的点滴小事做起，并从中获取道德认识，成为一个有着深厚中国传统文化理论知识的、品质高尚的人。

### （三）处理好与其他文化的关系

在全球化的今天，大学生面临着多种文化潮流的影响。例如，中国传统文化和现代文化、本土文化与外来文化等。部分大学生没有很好地将不同的文化观念统一起来，而是人为地将其对立起来，这都是错误的。

### 1. 正确处理中国传统文化与现代文化的关系

现代文化是传统文化的延续，是为了适应时代潮流而对传统文化的继承、发展和创新。其实，任何现代文化都是通过实践总结，从传统文化发展而来的，否则，现代文化也将成为无源之水、无本之木，缺乏适应性和生命力。因此，对待中国传统文化，万万不可采取全面否定的态度，而是要坚持实事求是的原则，在社会实践中对其进行检验，具体问题具体分析，清除过时的内容，继承和发展有价值的东西。

### 2. 正确处理中国传统文化与外来文化的关系

随着全球化的深入，科学技术手段的不断进步，世界各国不同的文化相互交流、渗透、融合的步伐不断加快。不管是哪一种文化，都有其优点和缺点，有其相通之处。因此，对待其他外来文化，我们不应该谈虎色变，而应该积极利用其先进思想理念，为我所用。中国传统文化在几千年的发展历史中，不断融合其他文化，使内容更加丰富，生命力更加旺盛。因此，在对待外来文化问题上，我们既要顺应时代潮流，积极地吸收借鉴外来文化的优秀思想和有益成果，又要保持清醒的民族意识，保持自己民族的特色，这才是中国传统文化发展的必由之路。

## 第二节　高等学校德育中传统文化的隐性教育

### 一、隐性教育的内涵

显性教育是指充分利用各种公开手段、公开场所，有领导、有组织、有系统的德育方法，通常以课堂教学为主，配合专题教育、主题讨论、学习整改、文件报告等形式，具有内容系统、组织集中、目的明确、学习强制等特点。而隐性教育则是一种与显性教育相对应的教育方式、方法和手段。其概念的定义和内涵的诠释，因切入角度的不同，相关文献也有着不同的界定，这也是隐性教育研究存在主要争议的地方之一。纵观相关隐性教育文献，对于隐性教育概念的界定主要在三个角度。

第一，对比显性教育的角度。从这一角度诠释的学者认为：隐性教育是一种非正规形式，是相对显性教育而言的，相对符合一般公认标准的"正规"形式而言的，它不是人们已经司空见惯的德育的常用形式，而是充分利用人们社会生活、日常生活中本身存在的形式。

第二，载体表现形式的角度。从这一角度诠释的学者认为：隐性教育是指运用多种喜闻乐见的手段，寓教于建设成就、寓教于乐、寓教于文、寓教于游戏等，把德育贯穿其中，使人们在潜移默化中接受教育。

第三，教育要素特征的角度。从这一角度诠释的学者认为：隐性教育是指教育者、教育内容、教育目标是不直接显露的，是隐藏的，其教育形式是侧面的、间接的，常采用"迂回""渗透"的教育方式，是采用非强制方式，在他们心目中产生一种潜在的说服力，从而把组织的意志变为他们的自觉行动。

所谓隐性教育，是指教育者按照一定的社会目的和要求，通过潜藏的教育性因素间接地对教育对象的思想和个性渗透塑造性影响活动的手段和方式。作为一种教育方法，隐性教育利用隐蔽的方式巧妙地使教育对象掌握和理解抽象的思想道德概念，达到应有的道德理论水平，进而内化为自己的道德观念，使之成为道德评价标准，并自觉地指导自己的言行。

## 二、高等学校德育中传统文化隐性教育的彰显载体

在高等学校德育中，传统文化隐性教育的彰显载体是指传统文化思想隐性彰显的途径和手段。传统文化教育作为德育的重要内容，其隐性教育的表现形式和隐性德育的表现形式必然有着相同之处，因而可以借鉴。另一方面，由于传统文化这一特殊而具体的德育资源，其彰显的形式又必然有着自己的特点，从而要求其有关相应形式的探究。传统文化隐性教育的彰显形式主要有：教师的个人素质、开设的专业课程、高校的物质环境、传承的校园精神和校内的网络空间。

### （一）教师的人格魅力

所谓"身教最为贵，知行不可分"。这强调了教师在"行"上的重要性，从根本上，讲就是强调教师在教育过程中个人素质的重要影响。教师的个人素质主要通过其学识、能力与道德素养来彰显。在教育过程中，教师不仅向学生传授知识和技能，而且教师的言行举止、价值观念、道德品质、敬业态度、进取精神和团队精神等，对学生世界观、人生观、价值观的形成，对学生思想品质和个性品质的发展都会产生持久的感染和熏陶，有时甚至会伴随学生的一生。教师的个人素质在一定意义上成了学生成长发展的要求，教师的道德素质、治学态度、价值理念等外化而成的言行举止，是学生模仿学习的主要对象，会对学生产生深刻而直观的影响。传统文化则通过作用于教师的道德品质、价值观念和个人知识能力等来内化成教师的人格魅力，从而达到隐性德育的目的。

教师的人格魅力能有效地激起学生的效仿行为。心理学研究表明，学生对教师往往具有效仿性。从教师的思想观念、处世态度，甚至到教师的讲话习惯、日常细小的行为举

止，都会成为学生效仿的对象。而具有人格魅力的教师更是会对学生的成长产生深远影响。因为具有人格魅力的教师的行为举止具有榜样性，它是人追求自我行为完美的理想形式。高校学生不仅会自觉效仿教师的言行，更会借鉴教师对事物的观点、看法，教师对科学、正义、生活的态度，以及他们对事业、工作的责任感。很多时候，这些比理性的德育知识教育更加生动，更能深入人的内心而更具有说服力。可以说，具有人格魅力的教师的一言一行发挥着隐性影响源的作用，时刻影响着学生的价值取向和行为方式。正因为如此，高校应加强教师的素质教育，提高教师关于优秀传统文化思想的内化与外化，彰显他们的人格魅力，以使其对大学生产生积极的、正面的影响。

### （二）开设的专业课程

专业课程教学主要是指，除正式德育课程之外的各科教学，这是高校隐性德育的主要表现形式。在各种专业课的教学内容中，德育因素广泛而丰富。教师在教学的过程中，只要善加利用，就能使之对学生产生潜移默化的影响。由于这种影响自然无痕，天长日久，便具有育人于无形的功效，使学生的价值理念、思想品德受其影响而慢慢符合社会规范的要求。可见，强化专业课程的德育形式，对大学生的成长具有极其重要的作用。课程形式的隐性德育功能是显而易见的，但是，如何通过专业课程的教学来实现传统文化的彰显？传统文化与专业课程的结合，主要通过提高教师德育的自觉性、挖掘教材内容与传统文化思想的联系等两个方面来实现。

要充分发挥专业课程这一隐性教育形式的作用，首先，就要求各科专业教师确实树立教书育人的德育意识，提高专业教师德育的自觉性。在新时期，专业教师的职责不再只是单单的知识与技能的传授，而更是要以人为本，全面关注学生的成长、成人和成才。在现实教学中各科教师其实都在无形地进行着学生的德育工作，只是其还处于无意识形态下的行为。要加强专业课程的传统文化思想的彰显，全员教师德育观念的树立是必要的前提。

其次，要充分挖掘各学科教学中有关传统文化的德育因素，增强教学内容和传统文化的联系。在自然科学类课程方面：要注意挖掘中国古代的领先科学，以及先辈们为追求真理的感人事迹与执着精神。阐发先人身上体现出来的敢为人先、严谨认真的态度，以及他们勤于思索、敢于探索的精神和勇气，从而达到学生坚韧、积极其人格的目的。在人文学科类课程方面：各人文科学课程与传统文化有着紧密的联系。教师在相关教学过程中，应充分挖掘人文学科中的传统文化因素，探究其价值理念、人文关怀、社会伦理的内涵，从而做到有效激发大学生的社会责任感和社会公德意识的目标。总之，课程教学是高校教育的基本活动，是大学生学习成长的主要阵地，这就决定了课程教学是高校传统文化隐性德育的基本而有效的形式。

## （三）高校的物质环境

高校的物质环境是指包括学校建筑、自然环境和人文景观等在内的物质实体构筑的校园空间。高校的德育活动是在一定的空间中进行的，而富有艺术感的校园建筑、优美的环境设施，并非毫无生命和感情色彩的客观存在，它们对学生品德的形成、个性的发展有着潜移默化、悄无声息的作用和影响。校园的物质环境在高等学校德育中有着重要的作用，其"润物细无声"的方式，不仅能起到陶冶情操、启迪思想、规范行为、激励上进的作用，更有着重要的象征意义和陶冶功能，可以调节和规范行为，形成奋发进取的精神面貌，提高人们的审美情趣和道德认识水平，全面提升人的道德素养。

高校物质环境作为传统文化的主要彰显形式，主要通过在校园物质环境建设中，要把人文资源、传统文化知识融进校园的每一个角落。首先，学校的规划建设要能彰显所倡导的校园精神。对此，在校园的硬件建设上大有文章可做。比如，校园中的花草树木、教室、走廊，都可考虑挂靠富有哲理性的诗句警语；而建筑物、道路的风格和命名，既可以考虑具有知识性，又可以具有教育性；校训、校史，还有校园"名人堂"、校园中先贤人物塑像、楼道的名人画像及其名言等，都可以加以重视。这种文化环境的建设别具匠心，使具有生命灵性的人文精神承载于有形的物体中，和自然风景和谐统一，让学生在浓厚的氛围中无意识受到教育的启迪和品性的塑造，对大学生思想政治与道德品质的形成有着重大的作用和影响。现代高校，种植具有人格象征意义的花草树木，使得校园的自然风景具有了文化的意蕴，而建设教育性人文景观，是继承和弘扬中华优秀传统文化，培育大学生人文素质和民族精神的有力载体和彰显形式，使学生们的思想道德在无意识下受到感染和熏陶，从而达到教育的目的。总之，学校的物质环境和传统文化在各方面的融合，对大学生产生着潜移默化的影响，是高校隐性德育不可忽视的重要因素。学校的建筑设施、园林绿化，以及各种装饰，不仅具有实际的使用价值，而且具有象征意义和陶冶功能。

## （四）传承的校园精神

传承的校园精神作为高校传统文化隐性德育的形式之一，主要是指由学校传统、教学理念、师生关系、学习风气等所凝练而成的富有学校特色的精神风貌。它反映并体现着学校成员共同持有的道德情感、价值体系、行为模式和目标追求。它散播于校园各个角落，时刻无形地作用着大学生的价值理念与思想道德，影响着学生的学习、生活方式，规范着学生的言行举止。学校的校园精神是学校师生在长期的教、学实践活动中，通过有意识的倡导强化，并经历史的沉淀、选择凝练而成，它所传承、倡导的价值理念和思想道德通过校内的各种环境因素及学校师生而得到彰显，从而赋予学校特有的个性魅力。

传承的校园精神中校风是主要的构成要素。所谓校风就是一个学校本质特性和精神面貌的集中反映。良好的校风是一种无形的力量，它充满于整个校园，时刻作用于大学生四周，自觉地抑制和改变学生的不符合规范的行为和作风，从而使他们的言行举止符合它所要求的程度。在校风中，更为细化的班风对学生行为也有一种强有力的纠偏作用。它能使学生不断调整自己的思想和行为而符合所倡导的价值理念。总之，在这种无形而强大的力量作用下，学校所倡导的价值理念和行为规范就会被内化为学生内在的意识律令，从而形成符合要求的价值取向和行为习惯。

传统文化是培育和凝练校园文化、校园精神的重要资源。传统文化中所蕴含的价值理念、精神态度、行为取向，在现代大学文化和精神中都有所彰显。如湖南大学，无论是其"博学、睿思、勤勉、致知"的校风，还是"实事求是，敢为人先"的校训，都继承拓展了岳麓书院所沉淀的文化底蕴、倡导的教书育人理念。大学精神环境因是经长期实践活动并经历史的积淀、选择、凝练发展而成，其所倡导的价值观念、学习态度都具传统性的特点，与传统文化思想有着比较深入的融合。对此，高校要充分挖掘学校自身历史传统的宝贵资源，再结合学校发展战略和规划，根据学校办学思想和理念，努力凝练具有时代特征和学校自身特色的校园文化精神。新时期的高校建设，应当提升大学的育人理念、志向和精神境界，不断增强学校的文化底蕴，并通过大学文化的传播和大学精神的沉淀，发挥大学文化和大学精神对学生巨大的感染力、渗透力和熏陶力，从而起到凝聚人心、激励斗志、鼓舞士气的作用和效果。

## （五）校内的网络传媒

网络为学校德育开辟了全新而广阔的空间。新时期，互联网以其强大的交互功能成了高校学生了解世界、获取信息的一条便捷、快速的渠道。充分利用校园网络开展高等学校德育，是新时期良好的教育形式和难得的隐性资源。

校内网络环境作为传统文化思想内容的隐性载体资源，主要通过以下两个方面来得到表达和彰显。一方面，通过网站的版面设计来得到彰显。就像人的眼睛是心灵的窗户一样，网站版面也是一个网站内蕴彰显的窗户。网站版面可以融合传统哲理名言、传统图画、圣人先哲的经典图像等这些富有传统文化思想的设计，这样不仅丰富、美化了网页的版面形式，而且也凸显出深厚的文化底蕴，让学生在浏览时潜移默化地受到熏陶和感染。另一方面，通过网站栏目、内容来得到彰显。新时期，高校学生对于缺乏新意，生硬说教和简单贴政治、道德标签的内容有很强的厌烦心理。德育网站内容的建设必须体现出海纳百川、兼容并蓄的时代精神，集思想性、教育性和多样性于一体，贴近学生，贴近生活而富有特色。对此要精心设计各种栏目，开展形式多样、生动活泼的网络德育活动，吸引大学生的广泛参与，寓教于乐。而把人生观、价值观、道德观等内容通过传统文化来传达，将会收到意想不到的效果。传统文化博大精深，有富有哲理的寓言，富有深意的诗谜、字谜、灯谜，富有传奇色彩的个人事迹，催人奋进的感人故事，等等。总之，传统文化可以把教育性内容变得生动具体、富于视觉色彩和情趣，在潜移默化的影响下，能提高大学生的道德素质。从而实现网络科技在新时期高等学校德育中内容与形式、科技与人文的有机融合。

## 三、高等学校德育中传统文化隐性教育的对策思考

隐性教育是我们探索的高等学校德育工作中的一种新的教育方式，它对我们提高高等学校德育工作的有效性，拓展德育空间有着极其重要的作用，也成了显性教育方式的重要补充。

### （一）教育方式层面

从教育方式层面来看，高等学校德育中的传统文化隐形教育要重视丰富德育工作的方式。

#### 1. 注重隐性教育与显性教育相结合

隐性教育与显性教育是我们进行德育工作的两种教育方式，这两种方式的运用可以相互弥补各自的不足，使德育功效得到更大程度的发挥，两者相互渗透，相辅相成，各显优势，使高校的德育工作所存在的问题得以缓解或解决，而如何将二者结合起来并发挥更大的功效，是我们面临的又一新课题。

显性教育，顾名思义，它的教育目的和目标都较明确，是教育者直接向受教育者传授道德知识，明确告诉受教育者应该干什么，不该干什么，直接对受教育者的道德修行施加影响，正面灌输，最终通过受教育者识记各个条目，在日常生活中对其加以约束，最终达到教育目的。

这种教育具有以下优势：首先，教育目标明确，受教育者能非常清楚所要学习的知识内容，不至于迷茫而无所获，同时，也可量化教育效果，看受教育者是否真的识记并理解了这种知识；其次，教育内容系统化、理论化，随着我国对德育方面的重视，对德育知识课本教程的编纂日益完善，且是我国思想道德教育方面的专家合力对其知识进行梳理、整合成册，我国高校目前运用的教科书基本是以马克思基本原理、思想道德修养与法律基础、形势与政策等为主，学校把这些科目定为大学生在大学期间所必修的科目，这就保证了每个学生都有机会和条件学习这些知识，同时装订成册，也使每个学生所学习的课程可以一条主线串起来，有条理，清晰明了，系统化、理论化；最后，教育行为制度化、规范

化，在校学生要受国家法律、校规、班规等各项制度的约束，并受所在环境和风俗习惯的影响，以及道德舆论的监督，有利于学生规范自己的行为，提高道德修养。

隐性教育，则是以一种潜隐的、潜移默化的、渗透的方式所进行的润物细无声的教育，它不明确告知受教育者所要达到的教育效果，也不告知其教育目标，更不是通过灌输的方式向其传授道德理念，而是营造一种氛围、通过设置各种道德实践活动，使学生置身其中，亲自体验这种教育理念，在不知不觉中受到熏陶、感染，使其内化于受教育者内心，自愿接受，并践于行，受到自己内心的约束所达到的效果要远远胜于被动地受到外界环境、制度的约束，效果要好得多。

隐性教育具有以下优势：

第一，教育方式隐蔽，可以避免受教育者产生逆反心理，使其在不知不觉中接受教育。当今的大学生自主性较强，有着自己的价值观和价值理念，有着独立的判断力，会选择适宜于自己的道德判断标准，做出自己的价值选择，直接正面地灌输会使他们产生抵触情绪，使他们自己觉得丧失了自己的主体性和独立性，而隐性教育则是先让他们在这种情境中感受价值观念，使其自己做出判断，自己选择正确的价值理念，故能产生良好的教育效果。

第二，教育范围较广，隐性教育可以无处不在，无时不有，我们可以在任何不同的地方营造这种教育氛围，它不分场合、不分时间，随时随地都能产生教育效果，教育资源丰富。

当然，显性教育和隐性教育也各自都有自己的弊端。如果把二者结合起来，将产生事半功倍的效果。我们在进行显性教育时，在德育的课堂上可以一改传统课堂的模式，由教师主讲改为教师和学生共同学习，或让学生自己探索学习知识，提高自我修养的方法。比如，一节课可以让学生以分组的形式，以自己的实际行动来体验这种知识，或者让学生自己做老师来组织这节课的学习。应该如何着手才能让自己和其他同学都能领略这种道德品质，我们还可以采取让学生去敬老院、孤儿院等场所慰问、帮助那些需要帮助的人，切实从内心深处领略助人为乐的精华，老师突破传统途径，可以使学生在寓教于乐中学到精髓。

另外，教师还可以结合当今热点，让学生关注国家大事，提升自我责任感，现在高校中已紧随时代步伐，校园内已设有显示屏，可以在每天晚上七点准时播放当天同步的《新闻联播》，立于教学楼的正前方，利于学生站在教学楼上即可关注新闻，关注国家大事。另外，这块大的显示屏还处于人流量较大，且是校园的中心地带，这就给同学们提供了更为便捷的条件，方便同学们关注热点，关注国家大事。这样，有利于同学们自己开阔视野，同时也有利于国家大政方针政策的宣传。

除此之外，同学们还可以根据自己的兴趣去参加学校举行的各类学术类讲座，领略大师风范的同时，见识这个学科领域的最新发展动向，可以以最便捷的方式，学到自己最想学习的知识。以上所举例子，是显性教育与隐性教育相结合的几种方式，当然，这是一种新型的教育方式，还有着广阔的空间，需要我们去探索、去研究和实践，总结经验，以此提高德育的有效性，扩展德育影响空间。

### 2. 身教胜于言教

在我们的印象中，德育知识的传授普遍是以教师的讲授、讲道理为主，这样的情况会使得学生对德育的认识是"假大空"，而没有实际的内涵，学生也多厌倦或敷衍，而没有身体力行，可在现实生活中，如果我们多以实际行动影响周围的人，教育效果肯定事半功倍。我们在德育工作中要更重视身教。

人的行为的习得有两种方式：一种是直接经验；另一种是通过观察他人的行为而获得，即通过示范所进行的学习。

这种观察学习有四个阶段，分别是注意过程、符号形式表象化、表象转换为适当的行为、行为结果。这四个阶段为我们展示了人们间接行为习得的过程。这个过程说明了人的多数行为是通过观察别人的行为和行为的结果而学得的。既然人的行为是通过观察学习他人示范而习得，那到底能习得何种行为，以及这种行为该有什么样的表现，就需要依赖榜样的示范作用了，示范者如何，对学生行为的习得将会产生重要影响。因此，我们在德育工作中，不但要重视言教，更应重视身教，为学生树立一个学习和模仿的榜样，对学生产生潜移默化的影响。

### （二）教育环境层面

从教育环境层面来看，良好的教育环境能够给学生一种好的学习体验，让学生在充满传统文化的环境中去体会传统文化的精髓之处，从而在潜移默化中受到隐性教育和影响，所以，在隐性教育过程中必须重视培育良好的校园文化环境。

良好的校园文化环境的营造，对于我们提高思想道德教育的有效性，有着极为重要的作用。校园文化环境作为隐性教育的载体，是我们实施隐性教育的重要途径。校园文化环境主要包括精神文化、物质文化和制度文化等。所以，我们培育良好的校园文化环境，也主要是从这三方面着手。

### 1. 营造审美化的校园物质文化环境

校园的物质文化环境主要是指学生生活、学习的教学楼、图书馆、宿舍、餐厅、宣传橱窗等有形建筑，是学生所处的物质环境，对学生有着重要影响。在一个脏乱的环境里，人们就会在不知不觉中丢弃垃圾而不产生羞耻心理，而在一个整齐、洁净的环境里，人们则会自觉地遵守社会公德，保持美好的环境。例如，丢弃垃圾，则会产生羞愧心理，好的环境在一定程度上可以抑制不良行为的发生。以上这些都给我们传达了一个道理：要培育良好的校园环境。校园物质环境不但与学生的生活息息相关，而且还对学生思想道德的培养有着重要影响，因为它承载和传承着一个学校良好的教育理念，对学生产生润物细无声的作用，使学生在不知不觉中受到感染、熏陶，接受教育。学校应注重校园美好环境的建设。比如，整洁有序的教学楼、安静有氛围的图书馆、舒适合理的宿舍等等。这些物质环境原是无生命情感的，但经过精心设计赋予它们生命，通过他们传达教育内涵，所达到的教育效果是传统教学模式所无法达到的。

### 2. 创建感召化的校园精神文化

校园精神文化是指能对学生产生影响的一些价值观念、价值取向、人文精神等。创建和谐的校园精神文化，可以从尊重学校的历史文化传统、培育大学精神和营造良好的宿舍文化和学术文化氛围等方面着手。

我们要尊重学校的历史文化传统。每所高校都有各自独特的成长历程和文化积淀，有着浓厚的历史气息和文化气息，我们传承这种文化，对学生责任感的形成有重要影响。

尊重学校的历史文化传统，并不意味着我们要全盘接受，而是要取其精华，去其糟粕。学校好的历史文化传统，我们传承并发展，有利于学生形成对学校文化的认同，形成凝聚力，同时，培养学生的历史责任感。了解学校的历史文化，可以使学生在前辈的影响之下，得到洗礼，得到激励，使其奋发向上，以前辈为榜样，成为国之栋梁。所以，尊重学校的历史文化传统有着重要意义。

我们要注重培育大学精神。大学精神是一所学校的灵魂，是这所学校充满活力的主要体现。优良的大学精神对整个大学的建设和发展来说，有着举足轻重的作用。一所学校之所以充满生机和活力，就是因为这所学校有着自己的精神支柱，有着信念的支持，所以，培育一所学府的大学精神，至关重要。

大学精神是一种认知，是我们对大学的本质，大学的内在规律，以及在办学的实践之中所形成的系统化、理论化的价值取向，价值认同和价值观念，是每所高等学府的办学水平、办学特色、整体面貌以及在整个学界的声誉的体现，为我们提供了巨大的生命力和凝聚力，是每所大学发展过程中的重要支撑，同时，也是大学的个性所在。每个学子在这种大学精神的指引下，生活在这样的文化氛围之中，价值观、人生观、世界观都在大学精神的渗透和熏陶之中形成。大学精神属意识的范围，它的影响是隐性的，是看不见、摸不着、悄无声息的，因此，我们在实施隐性教育的过程中，一定要重视大学精神的培育。

我们要创建良好和谐的宿舍文化。宿舍是学生学习、生活的重要场所，在大学的这个阶段，由于教室的布置不再像高中阶段一样，有着固定的班级，而是实行流动式的教学方式，按照专业进行排课，而不是固定的班级在固定的教室，所以，宿舍就成了每个学生除了图书馆、教室之外，待的时间最长的场所，由于这是学生经常生活的范围，又是同龄人共同的群体生活，所以，创建良好和谐的宿舍文化，就显得尤为重要了。处于大学阶段的青年学生，都有着从众和效仿的心理特征，他们容易受周围同龄人的影响，所以，我们更应该把握好这个道德培养的重要阵地，形成良好的宿舍氛围。

### 3. 创建科学化、合理化的校园制度文化

校园制度文化是指学校的各项制度建设。诸如，校规、系规、对教学的管理，后勤服务管理，以及学生的奖惩措施。一个机构正常健康的运转，需要有完善的制度保障，学校也不例外，需要完善学校的各项制度建设。一所学校完善制度的建立是其科学化管理的体现。当然，学校的制度文化建设，对我们实施隐性教育有重要的导向作用。校规的合理制定及各项奖惩措施的实施，有利于规范学生的行为，再有效的德育措施也需要有制度的保障，不然，如果学生有不良的行为，而没有措施加以制止，则会使学生继续错下去，不利于学生道德修养的提高。相反，如若对之加以合理的惩戒，则会使学生懂得这种行为是不良的，以此来规范学生的行为，促其良好行为的形成。

## （三）教育实践层面

### 1. 组织和开展各类社团活动

社团是大学生根据自己的兴趣爱好所加入的一个组织，在这样的组织之中，学生的抵触情绪和逆反心理较弱。所以，在这样的组织里开展道德实践有着极为有利的优势。组织开展社团活动要注重培育社团精神，社团可以选择一些极具道德意义的教育主题，组织和引导学生参加道德调查实践活动。另外，通过社团，还可以组织一些公益性的活动，让学生亲自体验道德教育中的一些价值观念。社团活动的开展，更好地为我们的德育工作提供了实践的阵地，有利于学生的自我完善和发展。

### 2. 开展第二课堂拓展学生成长空间

第二课堂，顾名思义，是指我们专业学习之外的活动，包括专题讲座、兴趣小组、校选课、辩论会、演讲比赛等等。这些都为学生个人的全面发展开辟了更广阔的空间，学生可以通过参加自己感兴趣的活动，提升自己各方面的能力。高校开展的校选课，为学生兴趣的发展提供了机会，学生可以根据自己的喜好去选择自己要上的科目。

### 3. 注重社会实践环节

社会实践是指让学生走出校园，走进社会，每个学子最终总是要离开校园走向社会，接受社会的检验。在学生进入社会之前，先让他们事先接受一下社会的洗礼，将更有利于他们价值观念的形成，因为他们在学校所学到的知识、所受到的熏陶，需要社会去验证，需要自己去体验，这样才会更深刻，才更能内化于心，外化于行。所以，每年暑假，学校可以与相关公司联系，为学生提供一个实习的机会。这个机会可以由学生自己竞争而得，这样就可以培养学生的竞争意识，激励学生积极进取、努力拼搏。另外，学生还可以自己走进社会，体验各种角色，体味各种生活。因为社会上有很多角色，不同的角色就会有不同的道德规范，体验各种角色，就要遵守与这种角色相宜的道德规范，在体验中找到自己的人生定位，并找到适合自己的道德行为准则。这种行为准则并没有在课本上，而是内化于心的，人们会在自己道德准则的指引下，去为人处世，所以，这种教育是内隐的，是潜在的，不是直接显示在人们面前形成文字的，而是需要人们自己去用心去总结的。社会实践是我们开展德育工作必不可少的环节。它从理论与实践相结合的角度，提高了道德教育的有效性，是我们实施隐性教育的有效途径。

### （四）教育资源层面

隐性教育不同于显性教育的非常重要的一点，就是可用的教育资源极其广泛，它可以无处不在、无时不有，可以是可见的资源，也可以是无形的资源。所以，我们在实施隐性教育的过程中，要充分利用各种教育资源，提高德育的有效性。

### 1. 充分发挥榜样教育的作用

榜样教育在高校的德育工作中是一种比较常用的方法，也是提高德育实效性的有效途径。作为群体动物的人，他们生活在一定的环境之中，而人们对榜样又都有一种推崇的心理，人们也都希望自己可以成为别人的榜样，内心便有了一种竞争的意识。榜样对人们的影响是巨大的，要发挥榜样的作用，到底哪些人可以成为我们的榜样呢？这些榜样对我们又都有哪些重要的影响呢？我们应该怎样去正确地对待榜样？这些问题的解决对我们德育工作来说，有着重要的影响。

在生活中对我们能产生重要影响的人主要有：教师、身边的人及其媒体所宣传的人物，这些人有的与我们的生活息息相关，有的则对我们的价值观念及价值取向产生重大影响。所以，这些典型的确立，将非常有助于我们德育工作的开展。

第一，教师的榜样示范对德育的影响。一方面，我们要发挥教师的模范带头作用。教师是我们教学的中心，他无时无刻不对学生产生重要影响。对学生来说，教师就是一部活的教科书，他对学生的影响是不可替代的，他为我们传递着一种精神，传递着一种无形的力量，他的一举一动，他的讲课风格，诙谐语言、敬业奉献、知识内涵、人格魅力，无不熏陶和感染着学生，所以，教师自身对我们要实施的隐性教育来说，本身就是一种资源。我们要充分开发和利用这份资源，以开拓道德教育更广阔的空间，所以，我们要塑造良好的教师形象，提高教师素质，完善教师的人格，以此来推动教师的榜样示范对德育的影响；另一方面，教师的人格魅力对学生人格的完善有着直接的影响，对教育所产生的效果也有直接作用。我们知道，山不在高，有仙则名；水不在深，有龙则灵；大学不在楼高，而在于大师。我们所看重的就是大师所传递的人格魅力。

第二，周围同龄人对学生道德教育的影响。高校之中，生活在身边的都是一些年龄相仿、专业相似、有自己思想且群居生活在一起的人，他们朝夕相处，周围人的性格、习惯、秉性等，都会对他人或多或少地产生一定的影响，如若在他们之间树立一个榜样，因为他们之间是平等的，更有益于他们的沟通交流，形成心理上的认同，进一步对自身道德的提高起促进作用。

第三，媒体所报道的、得到人们普遍认可的道德模范人物，对学生道德品质的形成所产生的影响。国家每年都会进行"感动中国"人物评选活动和道德模范人物的评选，这些活动的开展为我们传承中华民族的优秀的文化传统和当代的核心价值观提供了一个广阔的平台。

对于高校的德育工作来说，感动中国人物无疑为我们德育工作的开展提供了更好的资源和素材，为我们树立了一个典范，而这个典范的树立不是通过各种条条框框，也不是通过枯燥的道理讲出来的，而是通过一个个真实、感人的故事再现出来的，这不是强制性的灌输，而是让人们自己去体验，去感悟，感受真实人物的生活，感受他们的最纯粹的精神境界，看这些故事时，学生的心灵受到了洗礼，仿佛洗去了多年尘埃，又见到了曾经纯朴、善良的那颗心，这对我们来说是心灵的净地，是生活中的一片净土，在物欲横流的今天，在这个浮躁的社会，我们需要让我们干涩很久的眼睛湿润，而这份湿润来自我们内心的感动。这对我们的德育来说，是最好的素材，他营造了一个自然的环境。在这个轻松自在的环境中，传承我们优秀的传统文化，传递着人间真情，传递着爱心，传递着我们社会所要建立的核心价值体系。它本身就蕴含着价值观念，所以，它是我们在德育工作中实施隐性教育的重要资源，为隐性教育的实施拓展了更为广阔的空间，是我们实施隐性教育的有效途径。在具体的实施中，可以让学生自己观看这个节目，同时，也可以引导学生感受身边的人物，观察一下身边是不是一直都有默默奉献的人，感动中国十大人物只是身边事物中感动我们的代表而已，在我们身边肯定有更多的感动事迹，可以让学生自己去发现，然后吸收这种感动事迹所蕴含的价值观念，内化于心，外化践于行，自己亲自去实践，以这些人物为榜样，去做着力所能及的助人的事情，让这种观念逐步传播开来，吸引更多人加入这个行列，人们在做好事的过程中提高着自己的修养，所以，我们不单单是听一下故事，感动一次，而是领会到这个故事背后所蕴藏的价值观念。感动中国，既然可以感动中国，必然可以感动着每个中国人，所以，只要我们不遗余力地把这种价值观念传递下去，集聚正能量，定能使我们的德育工作在悄无声息中达到效果。

### 2. 注重发挥大众传媒的影响

在这科技飞速发展的今天，人们交流的方式也从原先的传统模式转换为如今的无线通信方式，人们运用科技产品，如 QQ、微信、E-mail、微博、论坛、贴吧、博客、移动电话等模式沟通交流。这种网络阵地已经大大减少了人与人之间面对面的交流，所以，德育工作中我们对网络阵地的运用就显得尤其重要，网络是我们德育工作的一片新天地，也为德育工作的拓展提供新空间，这块阵地的把握将是未来德育工作的重要资源，所以，我们要实施隐性教育，使其发挥重要的作用，提高德育的有效性，需要注重大众传媒的影响。

首先，网络为我们隐性教育的实施提供了现代化的手段。学生可以运用现代化工具查阅更多的知识，了解最新、最近的教育新闻，关心国家大事，这样有利于培养学生的责任感，便捷的沟通方式也便于师生直接的交流，学生有什么疑问或困难，可以直接求助于老师，教师给予疏通和指导，及时解决问题，不累积、不积压，有助于学生的健康成长。网络也使我们的学校、家庭、社会连为一体。例如，现在大部分学校都有校讯通，学生在校的各种情况，学校都可以和家长及时沟通，有利于学校和家长的配合，更好地促进学生的成长。

其次，网络的存在也为思想道德教育工作开辟了更广阔的空间。传统的教学模式只能用教师讲、学生听的模式，现代多媒体的运用，使得教师传递知识的方式多种多样，现在几乎每所学校都开辟了学校网站，学校网站的建立可以使学生及时了解学校的动态，网站设有学校的概况、机构设置、本校新闻、师资队伍、校园文化、合作交流、校务信箱等，方便学生了解学校的各方面的动态。同时，也有利于学生参与学校的管理，为学校出谋划策，以此来提高学生的各项综合素质。在校园文化一栏还下设有思想论坛、教职工之家等，便于学生畅所欲言。学校网站还具有重要的导向作用，在网站上有国内正在发生的热点新闻、有理论宣传、有思想教育等，这都为我们德育工作的开展提供了丰富的资源。

最后，大众传媒也促使德育工作与时俱进。网络的存在使我们获得信息的途径更为快捷，国家的各项政策和方针得以迅速而准确的传达，有利于我们及时准确地了解国家的动向，调整德育的内容，使其与时俱进。

# 第三节　文化战略与高等学校大德育体系的构建

## 一、文化战略与高等学校德育的关系

高等学校德育工作不是短时间内能够完成的，需要与我国的文化战略相结合，这样才能够保证高等学校德育工作的科学性和有效性，而且文化战略中对传统文化的相关建设，也能让大学生更全面地了解中国的传统文化，实现德育的目的。

### （一）德育的文化属性

德育的文化属性是指在德育中存留着其文化母体的某些印记和特性，肩负着文化的某些使命和功能。从德育产生根源来说，德育脱胎于文化，是文化精心孕育的产儿，是在文化的滋养下逐渐成长的。

就我国高等学校德育而言，德育不仅与文化母体之间存在紧密的联系，而且还承载着传承并复兴文化的任务。因此，我们可以说，德育具有文化的身份和属性。德育，从字面简单理解，就是通过道德教育使受教育者学会做人，这是文化固有的功能，是文化社会化的重要方式。

在德育发展过程中，逐渐走向专门化、独立化、体制化，这绝非要跳出文化的怀抱，而是文化的功能已经内化为德育的功能，德育的文化属性内化为德育的本质属性。但是，随着专业划分越来越精细，理性和科学对于德育领域的侵蚀，人们对德育的研究往往脱离了文化的本质属性，反而追求通过量化的、实验的方式去探索德育的外在规定性，结果导致了机械化、理性化、知识化的知性德育的产生。随之而来的是德育体系发生了重大的转变：德育内容以知识性为主，德育方式强调灌输，德育效果在于为政治、经济服务。这一切导致德育事业濒临危机的边缘，而更可怕的是，人们对德育形成了一种本能式的抵触情绪。

实践中，当我们认为某些主体需要德育，我们往往认为，这些人在道德上存在问题。德育本质上是把作为人的存在方式的文化教给受教育者，结果却遭到作为本体的人的反对，这说明我们的德育出现了重大原则导向性问题。这彰显了德育回归其文化属性的重要意义。

如何才能使德育回归其文化的属性？这是文化战略对于德育的价值所在：要使德育回归文化本性，必须把德育体系建设纳入文化战略中来，以文化战略思想为指导进行德育建设。

在文化战略指导下的德育必然从属于文化，这是德育获得持久发展活力的保证。这包括以下三个方面：

第一，德育成为文化的重要组成部分。这意味着德育体系必须建立在文化战略体系的框架下，德育内容、德育方式、德育主体，都要服从和服务于文化战略的需要。

第二，德育是文化的内核。文化怎么样传承和发展德育是最重要的方式。中国传统文化正是通过对"化外之民"的道德教化，通过"言传身教"的方式向外扩张，并在扩张中不断发展完善。"化"在很大程度上就是指道德教育。因此，我们可以说，在文化庞杂的体系中，德育居于核心地位，其他文化组成部分都要依赖于德育的存在而存在。

第三，德育是文化的灵魂。文化对于人的最终价值在于赋予人特定的生存和生活方式，决定着人的价值观、人生观，规定着特定群体的大致走向。德育的最终目的在于，帮助人们树立正确的价值观、人生观，赋予人们生存和生活的能力和素质。从这个角度看，德育是文化的灵魂，德育决定着文化根本价值的实现。

由此可见，现代德育体系的建设离不开文化的土壤，必须扎根于文化战略之中，凸显文化对于德育的重要价值，在德育课程设置、德育方式方法、德育模式等方面，都要以文化为本。文化战略不仅能够通过建设核心价值体系、弘扬传统文化，增强民众凝聚力，更在于在传承和交流过程中，把握先进的时代内涵，为人们在变化莫测的经济社会竞争中始终有坚定的前进方向，并提供一种稳定的精神归宿。

文化战略的构建，绝不能等同于政治、经济发展战略的制定，而应该是具有全局性、前瞻性、长远性意志的体现，这是由文化的特质决定的。文化战略的形成，不能依靠政治动员，也不能仅仅停留在说教式的口号，更不能受到眼前利益的驱使。文化战略对于社会具体行业、具体部门来说，具有普世性，对经济而言是文化经济，包括文化产业发展、文化创意、文艺创作等等。对农业而言，就构成独具特色的农业文化；对高等学校德育，就要求建立一种适应文化战略发展的新型大德育体系。

## （二）对高等学校德育体系进行文化重构的可行性

文化与德育的契合点在于根本目标的一致性。文化是本质，德育是外在实现方式。所以，对德育体系进行文化的重构是完全可能的。但是，这是理论上的推论。在实践中，德育的文化重构却要困难得多，主要是来自政治、经济领域的干扰。

文化是人的存在方式，人只有植根于特定文化才能称其为人。人的全面自由的发展是文化的根本追求。抛开政治化德育带给我们的误区，从德育的文化属性来看，德育的出发点不是要禁锢人的思想、限制人的自由，而是要把人的存在方式通过增强人的能力和素质赋予人。可以说，人类通过种族繁衍的方式实现肉体的延续，人类则通过德育的方式实现了精神的延续。

文化和道德都具有相对稳定性。在道德内容不变、文化保持原样的环境下，德育体系的转变几乎是不可想象的。这说明，文化转变是进行德育体系转变的前提，德育体系转变、德育方式的转型，都必须植根于文化战略之下。这是文化战略和德育的又一契合点。

当前，我们倡导"和谐文化"，追求可持续发展，坚持以人为本的理念，这要求德育体系进行相应变革，以适应文化的要求。德育脱胎于文化，成为文化传承和发展的重要手段，具体表现在德育具有文化的批判和文化传递的功能。

所谓德育的文化批判功能，就是德育根据其根本价值和目标，为实现人的全面自由的发展，对社会文化现状进行分析，对社会运行做出评价，对人们的精神状态做出肯定性和否定性评价，倡导社会主义核心价值体系，从而引导社会文化向健康方面发展。

当前，我国进入重要的战略机遇期，社会"转型"是中国社会的最基本特征，也是文化发展的大环境。一方面，社会转型是整个社会机制的转变，政治、经济、文化、道德以及人们生活方式都受到影响。特别是在文化领域，社会转型促使人们主体意识的生成，增强了效益观念和求实精神。另一方面，由于社会主义市场经济体制不够完善、民主法治建设不够健全，尤其是核心价值体系还没有完全落实的社会条件下，各种不同类型的文化开始占据人们的思想，对人们的价值观、人生观和人们生活方式构成了不可忽视的影响。

德育的文化传递功能是德育最基本的功能。传递功能总是在潜移默化中发生作用。当前，我国德育的缺陷已经严重影响到德育文化传递功能。诸如，我国德育过分强调理性化的政治色彩；在方式上强调单向灌输，被教育者处于被动的、被控制的处境中；缺乏主体性，教育者与被教育者之间的关系不是平等的；整个德育体系严重滞后于社会发展的需要。与此形成强烈对比的是，文化多元化背景下，人们的主体意识空前强烈；社会利益主体多元化带来价值选择的多样化；人们对德育的文化需求日益强烈。这就造成了德育文化传递功能的丧失，德育被边缘化。在文化战略背景下，我们应该站在德育文化源泉的立场上，进行德育体系的重建，给德育赋予浓郁的文化色彩。当然，这里的文化是指文化战略要传承和发展的文化，是国家的主体文化。

为了使富有文化意蕴的德育有效地发挥文化传递的功能，首先要让德育回归文化，最重要的方式就是在国家文化战略背景下，构建德育体系。在德育方式上，要充分发挥个体的主动参与意识，鼓励平等交流和对话，消除对德育的误解，树立新时期新德育观。在德育内容方面，应该以核心价值体系为主要内容，结合当代中国社会的新情况、新问题，了解受教育者的思想状态，寻找契合点而不是要强制灌输有关文化的知识性内容。"有文化"不仅仅指文化知识的丰富，而是要融入主流文化，生存和生活在文化之中，既是一种生存方式，也是一种精神状态。

其次，有效的文化载体是德育长久保持活力和吸引力的关键。不管我们将文化的价值阐述得如何伟大，仅仅通过理论宣传也难以被人们接受。德育不能只生存在高高的殿堂之上。德育生活化、社会化是时代发展的要求，只有通过丰富的文化载体，在生活中寻找理论的支撑，德育理论才能在潜移默化中得到有效的传递。例如，校园文化就是建设高等学校德育的重要载体。通过校园文化，大学生切身感受到文化的熏陶，增强了对文化的认同，提升了科学精神和人文精神。

## 二、德育目的体系的构建

人的主体性表现为人的活动具有目的性质，人的任何活动都是有意识的、有目的的，德育活动当然不能例外，特别是作为一种社会交往实践活动的交往德育，更是有着自身的价值选择和目的追求，总是在一定的目的指导下进行的。

### （一）交往德育的目的

近代以来，随着高校由社会的边缘走向社会的中心，德育问题就与许多的政治、经济、科技问题有交织、重合之处，彼此不能明显地区分开来。这是整个社会有机体进步发展的表现。但是，同时由于工具理性的泛滥和科技主义的盛行，系统领域严重侵蚀了德育的独立性，致使德育不能按照自身的特点来发展。德育目的总是受到政治的、经济的、科技的因素制约，这本来是不值得怀疑的，但是，上升为首要的影响，就存在严重问题了。

传统理论认为，德育目的就是德育活动预期的结果，是德育活动所要生成或培养的品德、人格。这是德育的核心问题。那么，什么才是交往德育的目的呢？交往德育的目的，简单地说，就是培养学生的交往品质，引起人生的觉解以至于新的更高的境界。其根本点是实现富有道德自主性的主体间交往，促进美好而真诚的生活。为了达到这一目的，关键是要发展主体间的交往关系、发展道德觉解力和激励做出有道德的交往行为统一起来。这样，如何通过交往，把道德知识、道德规范内化为道德情感，进而成为道德习惯，在生活世界中履行道德，赋予每一个个体生成、共享交往的价值观、道德原则和行为规范等，这就是交往德育的核心任务。也就是说，高等学校德育必须是社会发展需要与个人发展需要的统一，强调德育的根本目的在于提升人的精神生活，培养健全的人格，形成道德责任感和义务感，以扬弃人的自我物化，实现人性的真正解放，成为既具有明确的生活目标、高尚的审美道德情趣，又能创造和懂得生活的、不断实现道德觉解和追求精神完善的自主的人。与此同时，着力培养学生的道德交往品质与能力，促进社会统一、文化传承，以及创新、个人社会化，人和社会的可持续发展，全面达到交往德育的功能。

加强德育与现实社会的交往和学生交往的联系，不是交往德育的最终目的。交往德育与交往紧密相连，交往是实现交往德育的重要手段，也是其主要内容。但是，交往德育的目的却不是仅仅局限于满足学生的交往需要，而更在于未来，在于培养"人"，创造一种高于现实生活的美好而真诚的生活，追求生活世界的意义和价值。

由此可见，德育的目的不在于灌输道德知识，而在于启发交往理性，认识生活世界的价值和意义，发展完善个体道德人格、道德交往的能力和培养道德习惯。交往理性的培养，是交往德育目的的重心。接受道德教育的目的，应该是更好地交往和生活，这种观念比起认为德育应该以追求知识本身为目的的观念，可能更有市场。

德育应该教人学会与他人共同生活，能理解他人，平等地对待他人，能和谐地处于生活世界之中。

### （二）两种需要反思的德育目的论

第一，社会本位的德育目的论。

在现代社会愈来愈以政治、经济和科技发展为主导价值取向的前提下，德育逐渐演变为"为社会的德育"。这是德育的一种社会价值的取向，也就是社会本位的德育目的论。

社会本位的德育目的论的主要特征是，从社会整体利益出发来界定德育目的，它以社会的政治、经济、文化、科技、军事等发展的需要作为高等学校德育的出发点和归宿，单纯地以一定社会发展的需要来要求德育，设计德育活动，从而规定大学的人才培养模式。社会发展的需要和要求是高等学校德育的指向标，高等学校德育仅仅是社会发展进步的外在责任的外适性反映。该理论认为，德育需要植根于社会，以社会价值为中心，从社会的发展中寻找动力和支持。德育的价值就在于满足社会发展的需要，促进社会的进步。

社会本位的德育目的论的合理性在于确立了德育的重要使命之一，个体的道德社会化。它的缺点是：其一，社会本体论对于社会的看法过于理想化，充满着幻想，认为社会利益的实现，最终将导致人们道德水平的提高；其二，容易导致在德育过程中外在压力对于个体的强制。

第二，个人本位的德育目的。

与社会本位的德育目的不同，个人本位目的论认为，德育的目的应该是以个人价值为中心，应该从受教育者的道德本性出发，依据个人自身完善和发展的精神需求来构建高等学校德育体系，个体的生存价值和生命质量的提升，是德育的目的追求。

个人本位的德育目的论具有反对德育方法上的强制灌输的积极意义，但是，在德育目的上对个人强调过多，会引起德育中的相对主义，最终有可能会取消德育。德育应该反映个人的价值追求和个性的发展，但是，离开了社会生活，离开了社会目的，去追求个人目的的德育，毕竟是空中楼阁。

从我国传统德育发展的历史来看，个人本位的德育几乎是不存在的，德育目的总是受到政治、经济、伦理目的的侵蚀。因此，当今我国的德育应该鼓励适当的个人本位的德育，给德育以相对独立的地位。

## 三、德育内容体系的构建

德育内容是指德育活动所需传授的具体道德价值与道德规范及其体系，其中包括政治的、经济的、伦理的内容，是实现德育目标、完成德育任务的载体。

德育内容界定的主要依据有三个。一是依据学生身体的、心理的需要。传统德育的最大问题就在于德育内容往往脱离了学生的现实需要和认知水平，道德教育变成了死记硬背道德条文。二是依据社会需要。德育不可能脱离社会存在。诚然，德育不能以社会利益为其最终目的。但是，德育的内容来源于社会，社会的价值观念、社会的道德选择、社会的交往方式等都影响到德育内容的选择。三是依据对道德的阐释。

### （一）德育内容构建的原则

#### 1. 人本性原则

这是相对于传统的知识化德育倾向而言。知识化倾向认为，德育内容是科技型知识，或者是关于道德的知识体系，包括对事实的认知、关于道德的实践的知识等，不必考虑学生的兴趣和个性。具体表现在，德育过程中，将高等学校德育看作知识来传授，受着"知识逻辑"的控制，知识是统治者，学生是盛装知识的"容器"，教师是进行知识宣传的根据。也就是说，知识是中心，教师是工具，学生被边缘化，为知识本身而掌握知识或追求知识。

出现知识化倾向的原因有两个方面：一是知识本身是人们想要获得的东西，这是内在的根本原因，毕竟德育需要道德知识的获取；二是知识是为了达到个人幸福、社会利益所必不可少的，这是外在的原因。把道德与对知识的掌握和追求如此紧密地联系在一起会过度地限制德育，因为在德育过程中，塑造学生的人格、促进学生道德人格的完善和提升，与灌输知识一样重要，从长远来看，是更加重要的方面。合理的德育体系必须培养学生按照道德原则行事的气质，激励他们用知识为善。道德的内容比这要丰富得多，范围要大得多，也深刻得多。

交往德育的内容要超越知识化德育，其重要特征是对思想本身和精神生命交往及其不断推展延伸的关注，对文本的不过分依赖和迷信。交往德育传达的应该不是人云亦云的声音，不是抽象的程式化的结论，也不是枯燥深奥的理论知识，而是通过师生之间思想的碰撞和相互启发、深入地交往而获得关于生命体验，以及对人的精神进行反思的能力。

## 2. 生活化原则

这是相对于政治化的德育倾向而言。灌输德育侧重于向学生灌输价值，表现为一种教条。

灌输德育中也存在德育的内容。例如，社会基本道德品质的教育、文明习惯和行为规范的教育等。但是，普遍存在着泛政治化倾向，尤其是在公民道德或者政治道德品质的教育和高层次的道德理想教育中，政治意识形态教育比重过高，道德教育的内容不足。与此教育方式相对应，对学生的批判和反思能力的培养，始终没有引起足够的重视，结果是学生先入为主、一概反对、一切怀疑，走入极端。道德教育被政治因素冲淡之后，加上学生的消解，德育效果就微乎其微了。实际上，我国的德育内容往往是以绝对真理的形式呈现出来的，这无疑会引起高校学生的反感。这样，会对学生的价值判断能力、创新能力、自我觉醒能力起到很大的抑制作用。

灌输德育对关于道德的知识、对政治的、经济的、社会的问题，对思维过程本身过分关注，却不够关心学生的道德交往和能力的培养，造成了学生道德的被动性和消极性。与此同时，由于学生没有较多机会感受自身拥有影响或作用于环境的能力，以及把握自身的能力，缺乏价值判断意识、交往意识、自我意识，最终对道德问题失去兴趣。

交往德育把德育过程看作学生在教师的价值激励下的道德生成和内化的自由交往和自主建构的过程。德育内容实际上就是价值激励及生成和内化的内容。而价值激励和内化都不能离开德育主体。因此，德育内容的选择，都不能不从德育主体的实际品德、身心特点出发。

## （二）德育具体内容的构建

通过对中华人民共和国成立以来我国高等学校德育内容体系的考察，德育内容体系在不同的历史阶段差异较大。其根本原因是，一度将政治教育目标混同于德育目标，自然将德育教育转化为政治教育。根据德育的目标体系，德育内容体系应由六个方面组成。六个方面相互影响、相互制约，形成了一个辩证的统一体，而对某一方面的绝对化，都与育人目标相违背。

第一，思想道德教育。思想道德教育是德育的基础教育。它首先包括人生观、价值观和世界观的基本理论和实践教育。其次，包括成才教育、爱国主义教育等。高等学校德育从纵向看，在"三观"教育中，确实取得了很大成绩，但仍存在不少问题，突出表现在"三观"教育脱离目标，表现为"高""空""大"。现阶段，如何更有效地培养受教育者马克思主义的科学世界观、为人民服务的人生观和集体主义的价值观，要从德育具体目标出发，从受教育者的思想现状出发实施教育内容，这种教育效果的原则性，也是德育教育思想上的一次转折。在强调"三观"教育的基础上，实施正确的成才观教育和爱国主义教育，是必不可少的重要内容。实际上，"三观"教育的效果，在某种程度上体现在一个人的成才观和爱国情感方面。

第二，形势政策教育。形势政策教育的出发点和归宿点，是紧密结合国内外重大政治、经济形势的发展变化，联系受教育者的思想实际，用真实可信的材料、生动丰富的知识，教育学生理解党的路线、方针、政策，认清形势，明确任务，自觉地坚持四项基本原则。因此，形势政策教育，不仅要时刻把握国际、国内重大政治、经济事件，而且要注重教育方法和手段。一定阶段的重大政治、经济事件，往往形成一定的社会思潮，要及时引导受教育者正确地思考，形势政策教育具有不可替代的作用。

第三，社会实践教育。接触社会，参加社会实践，是行之有效的德育教育渠道。它能够使大学生广泛接触社会，体验和了解中国的国情，从而真正消化党的路线、方针和政策，增强报国之情；通过开展社会实践活动，可以进一步提高学生服务社会的能力、理论联系实际的能力、灵活运用知识的能力；通过社会实践活动，使学生广泛接触各阶层的人民群众，开展为人民服务的活动，从而在实践中检验自己的人生观和价值观。

第四，文化艺术教育。文化艺术作为德育教育内容，在我国德育教育史上一直有不同的看法。究其原因，还是德育目标问题，即德育教育以培养什么样的人才为目标。在注重能力培养，加强素质教育的今天，把培养学生的人文素质、艺术修养、审美情趣等，纳入德育内容体系，具有特殊的意义，它不仅是内容，也是目标。

第五，心理素质教育。现代教育必须重视对受教育者心理素质的教育，以提高受教育者的意志独立能力、社会适应能力、心理承受能力。

## 四、大德育体系途径的构建

德育途径是为了实现一定的德育目标，采用一定的德育方法，实施一定德育内容所必须使用的渠道。德育途径是德育工作者从事德育工作开展德育活动的凭借，创设的空间、领域或载体。在德育体系中，德育途径是物质的实体存在，是德育内容、德育方法及整个德育过程的承载体。从德育途径的总体空间特点看，可以分为学校、家庭、社会三个领域。

德育是一项非常复杂的社会工程，对于高等院校来说，完整的德育体系必须由学校、社会、家庭等单位共同来完成。大德育观认为，德育是一个多样性的、开放型、综合性的大系统。

## （一）高校在大德育体系建设中的责任

### 1. 高校制定有利于大德育体系构建的制度

高等学校德育制度是指以文字形式制定的、正式的、理性化的、系统的有关高等学校德育的行为规范体系。我国德育工作的一大特色是，以制度改革推行新的德育理念，制度建设有其充分的理论依据和本土化特色。为了适应新时代发展的要求，应该在德育制度建设上坚持以人为本的原则，促进大学生全面发展，强调发展性、参与性、自主性。

### 2. 高等学校德育工作者团队建设

高等学校德育工作者是高等学校德育工作的重点。高校党政干部、共青团干部、思想政治理论课和哲学社会科学课教师、辅导员，是大学生德育工作的骨干力量。在构建高校大德育体系的过程中，对此必须高度重视，切实采取有效措施，逐步建立起业务精湛、精干高效的德育工作者团队。配备专业的心理学教师，在学习基础心理课的同时，为大学生提供心理咨询服务。各学科教师要在本学科教学中积极渗透德育因素。

共青团、学生会等团体的责任。共青团、学生会等团体，是大学生自我教育、自我管理的重要组织形式，是学校德育工作中最有活力的力量。这些团体应该根据各自任务和工作特点，充分发挥组织作用，将大学生吸引到德育中来。

## （二）社会德育途径的构建

社会德育是指学校和家庭以外的社会文化、教育机构对学生进行的德育。社会对学生思想品德影响的主要渠道，既有运用大众传播媒介进行的社会宣传，如书籍、报纸、杂志、广播、电影、电视、文学作品、文艺读物等传播手段、宣传设施，还包括社会舆论、社会风尚、社会活动和人际交往，也包括社区环境和邻里环境。

社会德育是学生思想品德发展的客观环境和必要条件。马克思主义关于"人的本质是一切社会关系的总和"和"社会存在决定社会意识"的原理说明，学生思想品德的形成发展是学校、家庭、社会多方面教育影响的结果。社会德育有助于培养、提高受教育者的自我教育意识和能力。社会德育的自主特点，要求受教育者自主地选择教育内容和方式，通过自身的努力接受教育。如果说，学校教育多以指令形式出现的话，那么社会教育多以建议、劝告的形式出现。受教育者往往要经过自己的一番思考、判断，然后确定该如何行动。

社会德育途径特点主要有三点。第一，开放性。一般不受时间和空间的限制，也没有统一的组织安排。第二，复杂性。社会德育途径是多层次、全方位、多渠道的，其影响因素有政治的、思想的、道德的、哲学的、纪法的、文艺的等多方面；有低层次和高层次的、有高尚的和低俗的、健康的和腐朽的。这些必然形成教育作用的交织网，出现相互干扰、相互抵触的矛盾，以致产生负面影响，削弱和抵消积极的影响。第三，动态性。它没有大纲和教材，没有固定的时间和形式，更没有固定的教育管理者和周密的计划安排，不受人为控制，随着形势的变化而变化。

社会在高校大德育体系建设中具有非常重大的责任。良好品德的养成不是无条件的，环境和教育起着决定性的作用。高校是大学生思想道德建设的主要场所，对塑造人的灵魂、培养理想信念；保证方向具有不容忽视的作用。社会学习理论强调人类的行为是个体与环境的交互作用的产物，在社会环境里，人们通常是直接通过观察和模仿他人行为的模式而获得知识、技能和行为习惯的。社会学习论的主要特征是：个人的道德学习与其他社会性学习一样，是通过两种方式来进行的，一种是直接的，另一种是模仿学习，借助奖惩劝化正确行为。通过培养自主意识、自我评价、交往能力，逐渐内化社会风俗和道德规范。

## （三）家庭德育途径的构建

家庭德育主要是指在家庭生活中、由家庭中的年长者（主要指父母）构成的教育群体，对年幼者构成的受教育者（主要指子女）在政治、思想、道德的不同方面的影响与教育。以形成受教育者群体一定思想品德的活动。其主要特点有：

第一，生活化。家庭德育是在家庭日常生活中或家庭成员共同参与的活动中，家长利用有利机会，对孩子施加道德影响，培养孩子的道德观念、道德情感，训练孩子的道德行为。

第二，渗透性。家庭教育不像学校教育途径那样具体、明确，有组织、有计划地使用，而是渗透在家庭的言论、行动和环境之中。

家庭是大德育体系建设中的重要角色。高校建设大德育体系，取得良好的德育实效，仅仅依靠学校、社会的德育是远远不够的，因为大学生的思想品德、行为习惯在很大程度上还受到家庭的影响，而且家庭由于其特殊的作用，影响还非常重要。为了充分发挥德育的整体作用，应该建立社会德育基地，加强高校、家长之间的联系，从而形成学校、社会和家庭三方齐抓共管的教育合力，进而构建学校、社会和家庭三位一体的德育教育网络的管理模式，相互协调，改变目前仅仅重视高等学校德育而忽视家庭教育和社会教育的不利局面，优化高校的德育工作。

# 第六章 "互联网+"时代高等学校德育实践创新

## 第一节 高等学校德育实践的新境遇

### 一、"互联网+"时代的特征

#### （一）跨界思维创造无限开放的生态环境

说到"互联网+"的特质，如果用最简单的一句话来表述，就是：跨界融合，连接一切。"互联网+"的"+"其实代表的就是一种跨界的思维和开放的态度。"互联网+"时代对传统的产业和传统的思维都是一种挑战，这种挑战就好比第一次工业革命的蒸汽机和第二次工业革命的电力一样，它们的功效是服务于产业，而不是替代和摧毁产业，因此，"互联网+"的跨界思维与产业的融合会带来无限的发展空间，成为新业态产生的"普适智慧"。这种跨界思维，不仅仅局限于业界的融合和跨越，更多的还表现在行为方式上的跨越，所以，"互联网+"为我们带来的不仅仅是新业态的产生，而更多的是在思维方式上的改变，这种改变足以产生新时代所必需的开放的生态环境。

1. 开放生态是"互联网+"时代的核心特征

"互联网+"时代是一个没有边界的世界，所有原本封闭的系统都将被打开，人们以开放的态度去思考和设计新的行为模式。所以，"互联网+"行动计划的核心是生态计划，重塑生态是改革不断深化的重要保障。在这个开放的生态中，社会生活的形式在变，人们生活的方式在变，社会组织的习惯也在变，所以，所有组织、机构、个体思考方式的改变势在必行。"互联网+"行动计划的一个重要任务就是要把制约和限制创新的环节优化掉，开放的生态环境将市场的法则直接融入创新的过程中，清除阻碍创新的各种因素，使创新从一开始就沿着正确的、有价值的方向前进。

2. 跨界思维成为创新驱动的重要因素

"互联网+"时代个体面临的环境发生了很大的变化，新业态的形成与跨界的思维有极高的相关度，可以说没有任何个体甚至是组织能够固守在自己的领域。跨界不是目的，而是增加活力和再生能力的必然选择。跨界思维已经成为"互联网+"时代流行甚至是固定的行为方式，这种整合协同、提高效能、互融互通的思维方式成为激发社会能动性和创造性的重要驱动因素之一。这种跨界融合已经以一种势不可挡的浪潮席卷了所有的传统产业，各行各业都不得不审慎思考、积极谋划如何打破传统的壁垒，用跨界思维驱动创新，造就充满活力的新业态。

## （二）重塑结构成就稳固高效的社会关系

随着社会信息化和全球化发展的不断深入，当互联网开始走入我们的生活时，它就已经逐渐打破了原有的社会结构、关系结构、文化结构等。结构被重塑的同时带来很多要素，如权利、关系、连接、规则和对话方式的转变。"互联网+"时代不仅带来了开放的生态环境，重塑结构也给社会带来了深远的影响，颠覆了原有的社会关系和游戏规则。"互联网+"最终描述的还是一个智能社会，大家更加高效、节能、舒适地在这个社会里生存，"互联网+"给人类社会提供了一个非常大的福利。

### 1. 封闭和垄断的格局被彻底打破

共享精神是"互联网+"时代的另一个重要标志，封闭的、垄断的边界被强制打开，信息获得和资源分配的民主化进程，推动社会发展的不断加快、放大，产业更替越来越快，传统的行业、结构、管理、竞争优势逐渐消失。在"互联网+"时代，封闭和孤立的行为，只会陷入与世隔绝的鸿沟，传统的人力优势、结构优势、管理优势等都或许会成为发展的羁绊，转型和变革势在必行。

### 2. 契约精神与信任关系是核心竞争力

"互联网+"时代塑造了弱关系社会，促成了不同个体和群体之间产生联系的可能。"互联网+"行动计划的落脚点在于建立连接一切的生态系统，连接的对象包括行业、机构、技术、平台、个体等，连接一切也成为计划开始的起点。可想而知，如果没有契约或缺乏信任，基本上相当于在社会"失联"了，这在一个开放的生态中是何其大的损失。处在"互联网+"时代的人、机构、平台，必须遵循新的议事规则和动态协议，要想保持可持续发展的势头，并处于不败之地，建立良好的契约精神和信任关系是最重要的条件之一。

## （三）尊重人性激发潜力无限的个体价值

"互联网+"时代最本质的特征是尊重人性。"互联网+"行动计划成为国家发展战略，说明政府充分认识到互联网对于深化改革、加快经济发展、提高人们生活质量的不可替代作用，"互联网+"既体现了国家意志，也是人民意志的反映。"互联网+"时代每一名个体的能动性和创造力都被激活，每个个体的智慧、创意、资源、经验、关系都不会也不能被忽视，个体的劳动和价值受到空前的尊重和重视，个体的价值被充分激发和无限放大。

### 1. 以人为本的理念成为核心优势

"互联网+"时代所有的动作都应该以个体的需求为导向，"互联网+"连接一切的实现要依靠无数的个体协议去完成。这些连接协议的设定都由个体根据自己的喜好来定义，由此基于人性化和个性化的订制才能彰显"互联网+"的真正威力。在自己活动的目的和成果中，获得自己实体性的自由。"互联网+"时代任何组织、企业的行为和发展着眼点都必须放在每个个体上，尊重人性会不断提升行动的亲和力，以人为本的理念将成为一切竞争的核心优势。

### 2. 个体价值的放大催生群体智能

"群体智能"的概念来自对自然界中昆虫群体的观察，群居性生物通过协作表现出的宏观智能行为特征被称为群体智能。"互联网+"时代赋予每个个体自我组织、自我管理的能力，提供了全新的人际关系和交互方式，彻底改变了以往个体由于自有资源、社会关系等方面的弱势限制而成功概率极低的局面。"互联网+"时代打破了创新创业对资金、社会关系的严重依赖局面，每个个体的创业成本和风险大大降低，大众成功变得有了机会，个体的价值无限放大，大众的交叉协作和智慧汇聚，催生了无限的群体智能。

## 二、"互联网+"时代的标志性技术

### （一）云计算

#### 1. "云计算"的概念

近年来，"云计算"成为互联网界炙手可热的一个技术名词，它改变了互联网的技术基础，影响着整个产业的格局，因此，人们纷纷开始研究云计算和它能够带来的服务。对这个新概念的定义有很多种说法，百度百科的解释是，云计算是基于互联网的相关服务的增加、使用和交付模式，通常涉及通过互联网来提供动态、易扩展且经常是虚拟化的资源。而现阶段被广泛接受的是美国国家标准与技术研究院（NIST）的定义：云计算是一种按使用量付费的模式，这种模式提供可用的、便捷的、按需的网络访问，进入可配置的计算资源共享池（资源包括网络、服务器、存储、应用软件、服务），这些资源能够被快速提供，只须投入很少的管理工作，或与服务供应商进行很少的交互。如果我们想要完整地认知云计算，应该从服务和平台两个方面去理解，即云计算涵盖云计算平台和云计算服务这两个概念，通过搭建平台，可以将大量计算资源集中起来，协同工作，对上层服务的运行进行支撑。

## 2. 云计算的优势及运用

当云计算这个新兴的技术概念开始被公众所热议时，实际上，它的出现早已经改变了互联网的游戏规则，人们使用计算机和互联网的方式发生了改变，一个新的计算时代已经到来，信息技术产业的变革风云再起，云计算带来的不仅仅是技术服务提升，更多的是基于互联网增值服务能力的提升。

其一，云计算提供前所未有的互联网优质资源。基于云计算的技术优势，它将为用户提供大规模、可扩展、订制化的互联网资源。云计算拥有成千上万台服务器，可以为用户提供每秒 10 万亿次的难以想象的计算，这么强大的计算能力可以模拟核爆炸、预测气候变化和市场发展趋势；云计算提供的资源是弹性可扩展的，可以动态部署、动态调度、动态回收，以高效的方式满足业务发展和平时运行峰值的资源需求；云计算可以根据用户的需求，提供对应的数据资源，用户可以通过个人电脑、手机等移动终端接入数据中心，按照个性化的需求进行运算。

其二，云计算提供绿色、高效的优质服务。云计算通过虚拟技术缩小设备数量规模，关闭大量的空闲计算机终端，避免了庞大的电力资源等关联资源的浪费，同时，可扩展和订制化的服务为用户省略了软硬件的建设环节，节约了大量的人力、物力。云计算技术对服务器和资源存储实现了集中化和专业化的管理维护，用户可以随时随地通过互联网获取所需的资源和服务。它的优势在于，就像在日常生活中购买油盐酱醋一样，用户只是根据自己的需要去买，而不需要自己去生产，如此，让用户获取资源和服务的自主性更强，就算再多的用户量，获取流程也很简单、有序，有效地提高了运维效率。

### （二）大数据

#### 1. "大数据"的概念

随着互联网的不断发展，网络上的数据需求呈现出爆发式的增长，互联网公司所要运用和处理的数据量越来越大，种类越来越多，数据流转速度也越来越快，在这一背景下，一种全新的数据框架和技术诞生了。百度百科对大数据的解释是：大数据，指无法在一定时间范围内用常规软件工具进行捕捉、管理和处理的数据集合，是需要新处理模式才能具有更强的决策力、洞察发现力和流程优化能力的海量、高增长率和多样化的信息资产。结合当前大数据的广泛使用，可以看出"大数据"既是一个名词，也是一个动词，作为名词它指代的是在互联网上高速流转、海量多样的数据信息，作为动词它指的是用大数据的思维分析解决问题的技术过程。

#### 2. 大数据的优势及运用

大数据浪潮汹涌来袭，与互联网的发明一样，这绝不仅仅是信息技术领域的革命，更是在全球范围启动透明政府、加速企业创新、引领社会变革的利器。大数据的优势及便利越来越为政府、企业和人们所熟知及重视，大数据被广泛地运用到政府、商业和人们的生活当中。

首先，海量多样的大数据彰显现代社会的信息自由和开放。与传统数据相比，大数据最显著的特征是海量多样，就目前大数据技术架构所处理的数据来看，量级一般都是在PB级别以上的数据，这是传统数据无法比拟的。大数据的类型多样性也远远超越了传统数据，数据不仅仅包括单一的文本或表格，更丰富了音视频、微博、日志等各种数据形式。如今，互联网已经进入新的时代，个体用户作为数据的接收者和使用者，信息的获得更加体现了个体的意志和喜好，获取数据的需求被充分地满足，获得知识的信息量越来越大。同时，作为数据的创造者和发布者，可以自由地与其他组织和个人交换信息，大数据带来的信息自由度和开放度越来越高。

其次，高级高效的分析将挖掘出大数据的潜在价值。大数据较传统数据的重要特征在于体量大、种类多、运转快，如果能够及时地、有针对性地进行数据分析，如此巨大的数据将为政府、企业和个人提供有效可靠的决策依据。在未来，大数据将成为像空气和水一样的自然资源，大数据风暴所带来的机遇和变革将使每一个重视它的人受益匪浅，它的力量将无处不在。而海量的大数据如何被筛选、提炼，最后留下最有价值的部分，成为人们必须关注和解决的问题，这对数据的分析显得尤为重要，只有利用正确有效的分析方法才可以将大数据的潜在价值发挥得淋漓尽致，这也是大数据给互联网带来的新命题。

### （三）新媒体

#### 1. "新媒体"的概念

所谓媒体是指人们借助于用以传递信息与获取信息的工具、渠道、载体、中介物等一切技术手段。互联网的发展使人们生活的各个方面都发生了深刻的变化，能够传播和获取的信息越来越丰富，能借助的技术手段也越来越多，技术的发展让新媒体应运而生。关于新媒体的定义，国内外的专家学者都有自己的见解，但目前学界和业界尚未达成共识。新媒体是一个通俗的说法，严谨的表述是"数字化互动式新媒体"，从技术上看，新媒体是数字化的；从传播特征上看，新媒体具有高度的互动性。随着互联网的高速发展，网站、博客、贴吧、微博、微信、直播等信息交互技术层出不穷，这些都被认为是新媒体。所以，新媒体是信息技术飞速发展的产品，是基于数字技术、网络技术的发展，以电脑、手机、数字终端为载体，向用户提供信息和娱乐服务的一种传播形态。

#### 2. 新媒体的优势及运用

从媒体形态上讲，新媒体其实是传统媒体的升级，只是基于传播技术的革新而发生了变化。新媒体之所以能够出现并迅速获得关注和追捧，在于它充分顺应了互联网时代的开放性、多元化、人性化的时代特征，它以一种全新的理念和模式服务着、改变着人们的生活。能够准确地把握新媒体的时代特征，并充分利用新媒体的新优势，将会成为各项事业占得先机的关键所在。

首先，新媒体的传播形态使信息传递变得更加便捷和高效。新媒体是在互联网技术飞速发展的基础上产生的，互联网共享着全世界的信息资源，新媒体包罗万象的信息量不是传统媒体可以比拟的。新媒体的传播形态决定着它不受时间和空间的限制，只要有网络的地方就能实现新媒体的传播。新媒体数字化传播的特征，实现了其即时更新和同步传播的功能，让信息传播的速度更快，信息交流更加直接、高效。同时，结合互联网的检索技术，新媒体也具备了信息选择性获取的特性，比传统媒体的一一查找、翻阅更加快捷。此外，网络传播让新媒体的传播打破了地域和疆界的限制，将传播成本降到最低，全球任何地区的用户都可以利用网络便捷地选择自己需要的信息，增加了信息传递的开放性和自由度。新媒体以一种人类历史上前所未有的传播能力和覆盖范围，将地球人拉入新媒体的客观环境之中且自觉或不自觉地都变成了受众，并对其施加持久而深刻的影响。

其次，新媒体引发的传播沟通方式变革更加彰显了媒体价值。新媒体的"新"不仅仅体现在新技术和新形式上，理念上的"新"才是新媒体的"新"之所在。新媒体的传播沟通方式变革基于受信者的需求特性，互联网的普及与发展深刻地改变着人们的生活方式、学习方式和娱乐方式，基于人们通过媒体获取信息的形态更加人性化和个性化，新媒体的传播方式也更加细分化和碎片化。以笔记本电脑、手机客户端等移动通信设备为载体的新媒体，其传播形式更加能够契合受信者的生活习惯，满足受信者获得信息、消化信息和传递信息的需求，实现媒体本身的价值。同时，新媒体环境下传播沟通的互动性被强调、放大，信息传播主体更加多元，信息传受双方的交流也是双向的，如网民在浏览新闻信息时，可以进行互动留言点评，表达自己的意见，独特的见解往往能够迅速引起共鸣，而且个体能够利用新媒体技术随意对话相关的主流媒体、政府部门、名人、官员等，形成较大的社会影响和效应，网络个体的传播能量被放大。通过这种传播沟通方式，我们可以洞察受信者的观点、论调、价值观，了解受信者的分化情况，找到优化信息传播的路径。因此，新媒体环境塑造了新的传播格局，把握好传播沟通方式的变革规律和特性，是充分实现新媒体的媒体价值的关键。

总之，包括云计算、大数据和新媒体在内的众多新兴信息技术，为各行各业的创新发展提供了无限的想象空间。各行各业只要积极探索和研究这些新兴信息技术带来的创新发展路径，将"互联网+"时代带来的"阵痛点"转化为行业升级的"转折点"，就能够不断推进各领域与互联网的融合发展，面对"互联网+"时代带来的挑战游刃有余，处于不败之地。当然，这些新兴的信息技术同样为高等学校德育实践创新发展提供了广阔的空间，在实践的内容、方法、途径等方面的创新都将面临质的飞跃，从而为构建新的高等学校德育实践创新模式提供了可能。

# 第二节 "互联网+"时代高等学校德育实践创新的总体方略

## 一、总体目标及策略

创新是人类社会组织系统的自我更新和进化，是人类社会文明与进步的必然要求，是人类生存和发展遇到严峻挑战时的客观要求。随着自然科学领域的每一个划时代的发现，唯物主义也必然要改变自己的形式，当"互联网+"时代以不可阻挡之势来临时，我国社会发展的各个方面都遇到了前所未有的挑战，"互联网+"时代的特征和优势与社会各行各业的融合发展成为当下最炙手可热的研究课题。面对"互联网+"时代的新形势和新情况，机遇与挑战并存，带着明确的目标和策略对各项事业进行扬长避短、开拓创新，成为当下我国各项事业抢占发展先机的时代要求和民族呼唤。

### （一）总体目标

要明确创新的目标，首先要弄清创新的含义和特征。创新是指以现有的思维模式提出有别于常规或常人思路的见解为导向，利用现有的知识和物质，在特定的环境中，本着理想化需要或为满足社会需求，而改进或创造新的事物、方法、元素、路径、环境，并能获得一定有益效果的行为。具体地讲，创新是指人们为了一定的目的，遵循事物发展的规律，调动已知信息、已有知识，开展创新思维，对事物的整体或其中的某些部分进行变革，产生出某种新颖、独特、有社会价值的新概念、新设想、新理论、新技术、新工艺、新产品等新成果的智力活动过程。创新的特征在于它的目的性、超前性和独创性：所有的创新活动都带有明确的目的性，这一特性贯穿于创新过程的始终，旨在明确创新实践活动所要攻克的难题，带有目的性的创新才是有价值的；创新活动一定是超前性的，人们根据所处的环境提前预计未来将发生的改变和挑战，对现有的状态进行改革和创新，争取主动的做法便构成了创新；创新也具有独创性的特点，它不是简单的再造或者模仿，而是对以往的不合理或者不先进事物的扬弃，人们独立思考和革新的研究成果体现了创新的新颖独特性。

创新的目的性决定了创新的价值所在，而创新的超前性和独特性又决定了创新必须是根据当前的具体情况策划和组织发展过程的流程再造。此前已详细分析过"互联网+"时代对我国教育的深刻影响，特别是对学生的道德发展及高等学校德育实践的影响分析。高等学校德育实践的创新发展已经变得迫在眉睫，结合目前高等学校德育实践面临的新环境和新形势，找到创新的新方法和新规律，从而解决实践中的新问题，才是高等学校德育实践创新的目标所在。因此，高等学校德育实践创新的总体目标是：充分把握"互联网+"时代的高等学校德育实践过程中面临的新形势和新问题，遵循高等学校德育工作的基本规律，结合新一代互联网信息技术最前沿的科技成果，以学生成长、成才的实际需求为导向，推进"互联网+高等学校德育"的深入融合，建立高等学校德育实践创新发展的方法体系和实践模型，为高等学校德育实践工作的科学化发展提供理论依据和技术支撑。

### （二）方法策略

在创新研究的过程中，正确的研究方法和策略是保证创新目标能够顺利实现的关键。德国著名哲学家黑格尔曾说过，方法是任何事物所不能抗拒的、最高的、无限的力量。方法的含义较广泛，一般是指为获得某种东西或达到某种目的而采取的手段与行为方式，策略是指根据形势发展而制定的行动方针和方式方法，方法策略是人们在带有目的性的活动中，采用的有特定逻辑关系的动作所形成的集合整体。方法和策略的制定应该是围绕着行动目标而展开的，正确的方法和策略往往能使行动的效果事半功倍。结合高等学校德育实践的实际，围绕创新研究的总体目标，创新研究的方法和策略包括以下三个方面：

首先，创新研究要以互联网意识的培养为基础。正如前面所论述的，"互联网+"时代的到来已经逐步改变了当今社会的生产方式、贸易方式、生活方式、社交方式等，当然，由于社会的各个阶层和群体的接受能力和思维方式的水平差异，受到互联网影响的程度也不尽相同。然而，我们相信互联网终将彻底颠覆当前的社会状态。高等学校德育实践创新研究必须着力培养高校整体的互联网意识，提升高等学校德育工作重视互联网、了解互联网、运用互联网的意识。只有提前掌握了互联网的原理和运用互联网解决问题的能力，才能在"互联网+"时代全面到来时的各项工作中游刃有余，各项事业方能立于不败之地。

其次，创新研究要着重发挥互联网信息技术的优势。"互联网+"时代的到来之所以迅速改变着社会的每一个角落，在于新一代互联网信息技术确实表现出颠覆以往的面貌。如今，在街边买个红薯都能够用支付宝付款，这说明"互联网+"对人们的衣食住行、一举一动都会带来前所未有的影响。高校作为社会中知识层次和思维活跃度最高的群体，互联网带来的改变可想而知。学生们不仅对互联网兴趣很高，而且他们的学习、生活、社交越来越离不开互联网信息技术，老师们的教学工作、个人生活同样也离不开互联网，可以说，互联网成了社会关系的一个极其重要的桥梁和纽带。高等学校德育实践创新研究充分利用好互联网信息技术的优势，用"互联网+"时代学生喜欢的媒介和方式，解决"互联网+"时代学生共有的问题，一切问题会迎刃而解，这也正是高等学校德育实践创新的新手段和新智慧的体现。

最后，创新研究要以建立德育实践模型为重点。"互联网+"时代的到来给高校生活和社会关系带来了深刻的影响，不论学校地域和学校层次的差别，还是学生性别、年龄和层次的差别，受到互联网的影响程度基本相同，"互联网+"时代各高等学校德育实践遇到的具体问题也大致相同。在这种具有较高相似度的环境下，构建德育实践模型对解决高等学校德育实践过程中的普遍性问题显得尤为重要。"互联网+"时代的信息技术也是具有科学性、稳定性和严密性的特征，利用这些科学技术结合当下人们所共有的生活习性，以理论框架的研究为支撑，重点研究建立德育实践创新的模型，对广泛提高高等学校德育实践工作的科学化水平有着极为重要的意义。

## 二、思路与框架

在高等学校德育实践创新的具体构思和研究过程中，必须首先确立创新的主导思想和条理脉络，这就是创新的主要研究思路和框架。创新研究的思路和框架关乎本项研究的内涵和风格特点，也决定了本项研究的个性化、专业化和与众不同的研究成果。创新是一个相对的概念，其价值与时间、空间有关。同样的事物在今天看来是创新，明天可能是追随，后天大多数人都接受了，可能就是传统了。"互联网+"时代高等学校德育实践创新研究的想法是在我国全面实施网络强国战略、国家大数据战略和"互联网+"行动计划的背景下产生的。"互联网+"行动计划旨在促进互联网与经济社会的深度融合发展，让互联网发展成果惠及14亿多中国人民，更好地造福各国人民。教育领域当然不能成为"互联网+"行动计划的局外人，应该增强加快教育信息化的紧迫感，把握好"互联网+"给教育带来的机遇，解放思想、与时俱进，以互联网思维不断提升教育质量。因此，总的来说，本书的实践创新总体思路和框架是：以互联网的思维和技术为切入点，在德育过程中发挥"互联网+"时代的优势，着力在德育队伍、资源、载体、模式等方面，积极探索"互联网+德育"的优化路径，形成德育精细化管理的框架，保证高等学校德育实践的实效性。

### （一）以思维塑造为关键的德育主体素养提升

德育主体在德育过程中发挥着极其重要的作用，德育主体的素养直接影响着德育实践的效果，因此，高等学校德育创新应以德育主体素养的提升为关键。在我国，关于教育主体的问题有"单一主体论""双主体论""主体转化"等不同的论述："单一主体论"认为教师或者学生中的一方是主体，"双主体论"认为教师和学生都是主体，"主体转化"则认为教师开始是主体，随后学生变成主体。本书关于德育主体的相关讨论，是倾向于建立在"双主体论"基础上的，但又不能忽视德育过程中主体的相互转换。当前，"互联网+"已经渗透于我们生活的方方面面，并深刻地改变着社会的生活、学习和交流方式。创新从来都不是一个新的概念，它是由社会发展而引起的必然行动，高等学校德育实践创新是"互联网+"时代的必然要求。德育主体素养一般包括道德素养、专业素养和能力素养，处于"互联网+"时代的高等学校德育主体在思维和能力上都必须紧跟社会发展的脚步，不断提升自身综合素养，使高等学校德育工作符合时代的要求，从而彰显德育实践的成果，所以，德育主体素养的提升是高等学校德育实践创新的关键。

### 1. 互联网思维的塑造

思维是人类所具有的高级认识活动。按照信息论的观点，思维是对新输入信息与脑内储存知识经验进行一系列复杂的心智操作的过程。通俗点说，思维就是思考、思索，是人们为了完成一项任务大脑所进行的活动，人们的思维方式不同，会导致对相同问题的思考所得出的结论也不同，可见思维方式对于思考和解决问题是至关重要的，正确的思维方式可以帮助我们迅速地接近事实的真相。思维包括智力、知识和才能三个基本要素，因此，思维其实是一种能力，是先天与后天结合的能力，是学习与实践结合的能力。互联网思维，就是在互联网不断发展的背景下，对市场、用户、产品、企业价值链乃至对整个商业生态进行重新审视的思考方式，"互联网+"时代的高等学校德育主体只有运用互联网思维进行思考和解决问题，熟悉互联网的特性、提高互联网使用能力，才能够充分体验和分享这个时代的便利和优势。

首先，德育主体必须熟知互联网的特性。"互联网+"时代一切行业的行为方式都发生了变化，熟悉互联网的新特性，对于准确把握行为规律、得到满意的行为结果有决定性的作用和意义。作为德育主体的教师和学生都必须明白"互联网+"时代的教育面貌已经发生了很大的变化：互联网的信息传递和获取比传统方式快了很多，内容丰富了很多，德育资源配置的优势尽显无遗；互联网让人们表达、表现自己成为可能，每个人都有表达自己的愿望，都有参与到一件事情的创建过程中的愿望，德育过程中对师生相互尊重和参与互动有更高的要求；互联网让数据的搜集和获取更加便捷了，并且随着大数据时代的到来，数据分析预测对于提升用户体验有非常重要的价值，德育过程中的对象体验分析同样可以利用数据分析来提高准确性。德育主体必须熟知诸如此类的互联网特性给高等学校德育实践带来的变化，并且转变传统的思维方式，用全新的视角和方式来对待德育实践，方能在新的环境和条件下争取主动。

其次，德育主体必须具有互联网的意识。高校师生从来都是思维最活跃的群体，容易接受新事物和新思想，接受能力也非常出众。当前"互联网+"时代的大潮滚滚而来，无数的新事物、新思想、新理念充斥着我们生活的每一个角落，在高校各种各样的教育思潮下，全新的教学方式、手段迅速替代着原有的内容。特别是在"互联网+"时代，通过互联网来实现教育资源的共享，教学手段的提升，在以往看来不可能的教育形态正在一一实现，在这种背景下，高等学校德育主体必须快速接受和具备互联网的意识，与时俱进，尤其是要交流当下的互联网使用的知识；德育主体更要有学以致用的意识，把互联网的新知识、新内容与高等学校德育实践更好地联系起来，不断更新和掌握互联网的知识，发挥互联网的作用，才能紧跟时代的要求，适应新形势下的高等学校德育实践工作。

最后，德育主体必须具备基本的互联网能力。德育主体具备了互联网意识只是德育实践创新发展的第一步，互联网能力的具备才是实践创新的核心竞争力。在"互联网+"的背景下，互联网的科学技术如何与德育过程深度融合成为高等学校德育实践创新的一个核心命题。德育主体能够将互联网技术灵活地融入德育实践中，不仅能够充分地适应"互联网+"时代的主客体特征，而且能够让德育过程呈现出脱胎换骨的面貌，极大地提升德育实践创新的亲和力。德育主体需要掌握的互联网能力包括：能够独立制作和使用各种多媒体工具，利用生动的现代化教育手段，使学生能够更加容易地掌握复杂的知识；要熟练掌握信息化的德育手段和交流方式，通过新媒体的方式建立受学生欢迎的教育和交流途径；不断加强互联网知识的学习，互联网知识是更新极快的，学习不是一蹴而就的，它是一个系统的工程，同时又是一个不断更新的过程，而互联网的知识内容是良莠不齐的，对于正面和负面的内容德育主体要学会分辨和筛选。在这个大背景下，德育主体只有不断地提高自身的互联网素质，应对互联网大潮对高等教育的冲击，紧跟互联网的发展和变化，才能真正抓住"互联网+"时代的大好形势，克服高等学校德育实践在互联网高速发展中的各种不适，把互联网的优势发挥得淋漓尽致。

### 2. 创新能力的培养

德育主体创新能力的培养能否落实是高等学校德育实践创新成功与否的关键所在。创新能力是在各种实践活动领域中不断提供具有经济价值、社会价值、生态价值的新思想、新理论、新方法和新发明的能力。具有创新能力的群体或个体能够运用新颖、独创的方法解决现实中的问题，他们通常是突破常规思维的框架界限，以新的视角和方法去思考问题，提出与众不同的解决方案，从而产生新颖的、独到的、有社会意义的实践成果。创新的展开与实现，都是以创新主体特有的能力为基础和条件的，是主体的创新能力的产物。德育主体的创新能力是高等学校德育工作者进行创新活动的能力，是开展德育实践活动中产生新想法、实施新举措的能力。高等学校德育实践创新的过程中必须培养德育工作者运用已有的基础知识和可以利用的资源，联系相关学科的前沿知识，创造新颖的、独特的、有价值的思想、观点和方法的能力。培养德育主体创新能力要注重培养以下三种素质：

第一，培养自信健康的心理素质。自信健康的心理素质让德育工作者保持良好的适应能力，并以积极的心态面对纷繁复杂的工作，始终坚持自己工作的方向，面对困难挫折仍然努力不懈；拥有自信健康的心理素质让德育工作者敢于正视工作中的问题，接受现实并勇于承担责任，找到工作的乐趣；自信健康的心理素质也会让德育工作者善于发现自己的不足，乐于找到他人的长处，善于学习、不断进步才能让工作有更大的收获。

第二，培养好奇求变的思考习惯。心理学认为，好奇心是个体遇到新奇事物或处在新的外界条件下所产生的注意、操作、提问的心理倾向。求变的习惯让人们不墨守成规，凡事都以新视角去重新思考，那么会得到不一样的结果。好奇求变的思考习惯会让人们对某一事物感到疑惑，进而深入地进行思考，以求弄清事情的原委，这种思考和行为习惯往往被认为是创新的前奏，是产生创新的起点动机和驱动力。培养德育工作者好奇求变的思考习惯，不仅能够激发其学习的内在动机，以强烈的求知与求学的欲望去寻求知识，同时也是德育主体创新意识和创新基本素质提升的体现。

第三，培养目标意识和实践能力。所谓目标，就是要达到的目的、标准或境界，目标意识是指人在言语、行动时及其过程中有意识地达到的目的或标准，也就是说当我们做任何一件事时，都应该达到一种目的，或者形成一种标准。实践是创新的最基本途径，是检验创新能力水平和创新活动成果的尺度标准，实践能力就是把自己的创新思考和想法通过实践去实现的能力。袁隆平曾经说过：我们就是要敢想敢做敢坚持，相信自己能够依靠科技的力量和自己的本事自主创新，做科技创新的领跑人，这样才会取得成功。高等学校德育实践创新中必须制定合理的目标，每一步创新过程必须是在一定的方向和目的的指引下开始的，创新目标的确定使德育过程始终对目标实现保持较高的期待，从而产生克服各种困难的坚强意志，通过大量的创新实践活动，向目的地不断前进。

## （二）以信息技术为驱动的德育实践体系优化

"互联网+"是新一代互联网信息技术飞速发展的产物，是基于各种革命性科学技术的积累和创新的成果，"互联网+"时代以去中心化、平台化、用户需求导向的特征宣告了新的信息获取和传播方式的到来。"互联网+"时代给教育、高等教育、高等学校德育所带来的技术和方式上的变化，并由此产生的理念上的变化已经是势不可挡的。一直处于创新前线的高校，在创新的发生和引领上历来都肩负着巨大的使命，特别是在"互联网+教育"这个备受关注且预计有无限创新空间的命题面前，高等教育如何主动地适应教育信息化的飞速发展，巧妙运用并发挥"互联网+"时代信息技术的优势，不断提高高等教育的质量和水平，值得我们深入地思考和探究。基于"互联网+"的高等学校德育实践创新研究，互联网新一代的核心技术成果是创新研究的切入点，准确把握和利用好新兴的互联网技术的特性，结合高等学校德育实践的具体特点和需求，使互联网新一代的核心技术成果在高等学校德育实践中成功落地，是高等学校德育实践创新研究重点要解决的课题。以互联网技术驱动来优化高等学校德育实践应该从以下三个方面入手：

### 1. 德育资源的优化

"互联网+"时代对教育资源的影响尤为深刻，随着互联网技术的飞跃发展，在线学习、微课程、慕课、泛在课堂、翻转课堂等各种新生的教育资源和教育形式层出不穷，"互联网+"让教育资源打破了传统的壁垒，变得更加多元和开放，这也使得高等学校德育能够通过互联网获得更加丰富和充实的教育资源。互联网技术为教育资源的丰富创造了无限可能，高等学校德育实践创新要抓住这一技术红利，在德育资源的内容延展和质量提升上下功夫，方能最大限度地将互联网技术的优势运用在德育资源的优化上。

首先，要注重德育资源的内容延展。对于教育资源的内容延展，互联网技术体系最大的优势在于它能够突破时间和空间的限制。自古以来，教育资源都是稀缺资源，这是由各种原因所造成的。现如今，互联网科技将五湖四海的海量教育资源和内容，轻而易举地传送到教室、寝室、图书馆等我们愿意去获取的地方。只要是具备基本的上网设备和条件，通过各种各样的互联网终端，都能随时随地地连接互联网，自主地搜索和筛选个性化的学习内容。对于获取这些教育资源，除了微不足道的网络流量费用，其他的教育内容基本是免费的，这也在很大程度上为我们提供了便利。"互联网+"时代为人们以技术驱动引领教育资源延展为核心，大量集成和整合各种教育资源提供了强大的理念和技术支持，也为教育资源的内容延展带来了前所未有的契机。高等学校德育实践在德育资源和内容上的创新发展，需要充分挖掘和运用互联网技术的优势，以德育课程资源的内容再造为重点，探索构建互联网德育资源库，打破时空的限制，让德育内容无限延展到大学生的学习、生活和娱乐的每一个角落，学生随时随地都可以按需获取德育内容。

其次，要注重德育资源的质量提升。随着互联网信息技术的发展，网络上各种各样的教育媒体、教育机构和教育平台应运而生，人们不仅已经开始习惯了这种网络学习方式，同时，这些互联网学习资源表现出与众不同的一面。与传统教育资源相比，这些教育资源显得更加生动有趣，更加能够体现现代科技感，符合学生需求的同时，也更加能够深深地吸引学生，发挥出众的教育功能。随着互联网云技术、大数据的发展，诸如微课程、泛在课堂、慕课、虚拟课堂等各式新鲜的教学资源正在逐步发展壮大。在开放的大背景下，全世界的优质教育资源不断地充实和丰富着课堂，这些教育资源通过互联网连接在一起，使得人们可以畅游在知识的海洋。社会、经济、政治、文化、生活等各个领域的最新知识，都能够快速呈现至课堂之上，这将彻底改变传统教育资源内容陈旧的现状。德育资源的质量提升是高等学校德育实践创新要积极面对的难题，互联网信息技术的革命性成果让这些难题迎刃而解，高等学校德育实践的创新必须将互联网技术自然渗透到德育内容之中，"新瓶装旧酒"的操作会让德育资源显得更立体、更亲和。同时，增加德育资源的吸引力是质量提升的关键，高等学校德育实践创新应发挥技术驱动的支撑作用，如利用图像采集、数字虚拟、视频动画、社交网络等技术，构建更生动、更直观的德育内容。此外，以大数据和人工智能为核心技术的新一代互联网使每个人都成为网络社会中的一个独立的信息源，传统的中心化的信息传播的单向模式不复存在。学生不仅仅是教育资源的接受者，同样也是教育内容的生产者，高等学校德育资源的构建应充分融入学生的参与和智慧，这将使德育内容更加人性化且具有亲和力。

### 2. 德育关系的重构

"互联网+"时代，不仅是教育内容的生产和传播的方式发生了巨大的变化，受教育者的知识、信息获取方式和学习方式也发生着变化。由此致使教育过程也改变了原有的面貌，以教师为中心的传统教授模式中，教师的中心地位正在逐渐减弱，教师在教育过程中的权威地位不那么明显了，教师也不再是教育内容的唯一来源，因此，可以说"互联网+"时代受教育者对教师和课堂的依赖性将明显减弱。高等学校德育实践也同样面临这样的挑战，不能正确地处理好新时期德育过程中的这些关系，不仅会使德育实践的权威性大大降低，也会让师生关系趋于紧张，最终影响高等学校德育实践的效果。所以，"互联网+"时代的高等学校德育实践创新必须清晰洞察、重新梳理德育过程中的师生关系和德育方式，方能让德育实践创新在师生和谐中形成合力、产生实效。

首先，师生关系的重组要讲究"对称交流"。所谓"对称交流"就是指师生的平等关系和获取信息的对称性。"互联网+教育"打破了教育系统中原有的各种关系结构，并对其进行优化重组，使教师与学生的关系、教育单位与学习个体的关系发生根本变化。在互联网的环境中，知识和信息的获得变得更加自由和便捷，不管是教师还是学生都能够根据自己的需要方便地找到学习内容，故而学生对教师的依赖性逐渐降低，或者说教师不再是学生获取知识的主要渠道。师生关系的传统内涵被打破，在现实中的师生关系，到了网络上，可能成为同在学习某项新鲜知识的同学关系，现实世界与虚拟世界界限变得模糊。这时，教师的身份和作用可能就从教育过程的主导者变成了学生学习的辅助者和服务者，教育过程从灌输式转变成互动式。高等学校德育实践创新就是要对师生关系进行重组，建立与"互联网+"时代相适应的师生关系，着力发挥和增强教师在信息化条件下对学生的个性化学习需求的辅导功能，让教师具有足够的互联网能力，让学生拥有足够的选择权利，在德育过程中实现德育主客体的对称交流。

其次，德育学习方式的重建要注重"学监并重"。"学监并重"强调的是学生自主学习的地位与教师监管指导的地位同等重要。随着教育现代化的飞速发展，多元化、实时化、碎片化、个性化的互联网新形态，无限放大了受教育者的主体地位，而更加自由和便利地获取各种知识信息，也使受教育者能够自主制订学习目标和计划、安排学习进度、选择学习时间和地点等，他们的自主性、个性化和能动性将得到充分的发挥。高等学校德育实践创新要明确学生学习习惯的特点是"互联网+"时代的特点决定的，学习方式的改变既然不可逆，就要顺应这种改变找到新的合理的德育学习方式。一方面，要尊重学习者新的学习方式和习惯，要利用互联网信息技术为学生创造更便利的学习条件，充分满足学生在网络上的学习需求，将之作为学生课后自学的补充；另一方面，要构建互联网学习和现实教育的良性互补关系，发挥德育教师的经验优势，在现实教学中不仅帮助学生对互联网海量的教学资源进行筛选、过滤和把关，把握德育内容的健康性，监督指导学生的学习进度，而且对学生互联网学习中解决不了的问题给予解答，进一步提高学生学习的针对性和目的性。高等学校德育实践在这种新的德育学习方式的推动下，将更加体现对差异的尊重，也将从整体上促进德育质量的提升。

### 3. 德育实效的提升

德育实效，是德育主体按照德育计划，通过一定的德育途径和手段，完成德育目标的程度，通俗说来就是对德育工作的效果和效率的考量。高等学校德育实效的基本内涵，是高等学校德育在一定德育计划的指引下，通过德育过程来实现德育效益、德育效果和德育效率的统一。德育的实效性是高等学校德育工作价值的出发点和归宿，也真实反映了高等学校德育实践工作的成败，所以，德育工作的实效性一直是学校乃至社会都非常重视的一个话题。促进高等学校德育实践效果提升的途径和方式很多，包括政策上的、机制上的、手段上的等，而在"互联网+"时代背景下，高等学校德育实践创新研究的重点是如何以信息技术为驱动来提升德育的实效性。

第一，促进德育实效的可能性提升。提升德育实效就必须回归到德育实践的本身，洞悉德育实效得以实现的基本规律，找到提高德育实效的着力点，解决制约德育实效的障碍和问题。影响德育实效实现的是德育过程中包括德育工作者、学生、德育内容及环境等在内的基本要素，不断加强这些基本要素的素质提升和质量建设，德育工作自然会达到理想的德育实效。简单来讲，就是要努力确保德育过程的高质量完成，才能保证德育实效的实现。那么，"互联网+"时代就要求高等学校德育实践从德育过程中的基本要素出发，把握"互联网+"时代德育实践各个基本要素和德育环节的特性，通过信息技术手段的创新，落实德育过程中各要素的质量提升，保证德育环节的圆满完成，从而提高高等学校德育的实效性。

第二，推进德育过程的科学化控制。德育实效性的提升与否是德育目标实现与否的关键指标，德育过程的每个环节都是德育实效性得以实现的保障。在传统的德育实践中，德育过程的把握、德育主客体的激励、德育实效的掌控，都是由德育工作者或者德育机构来完成的，这一流程需要耗费大量的人力和物力，而且对德育过程的掌控由于这样或那样的原因，往往并不科学、准确，德育效果也就不尽如人意。"互联网+"时代科学技术的飞速发展，为人们带来了与以往大为不同的技术优势。可以预见，"互联网+"时代的信息技术对德育过程具有极大的应用前景，在信息技术的协助和驱动下，德育实践的过程会更加科学地被掌控，将严格地遵循德育计划，按照德育的目标取得满意的德育效果。

第三，提供德育评价的可靠性依据。德育评价贯穿于德育实践的每一个环节，德育实践需要通过德育评价来分析其德育过程是否合理，评判德育效果是否满意，从而判断德育目标是否实现，因此，德育评价的功能对德育实践的不断完善和发展具有重要的意义。"互联网+"时代，大数据所采集的海量数据是不会说谎的，大数据分析的结果是最客观的现实反映。德育实践可以充分利用大数据带来的技术优势，在德育过程中对德育内容教授各环节的指标进行测评和反馈，更加有效地指导德育过程的调整及优化，促进德育实效的提升。同时，德育实践要利用可靠的德育评价系统，准确地把握个体的德育接受特性，根据反馈的结果制定有针对性的、个性化的德育目标和计划，形成差别化德育的生态系统，以最大限度保证德育的实效。

## （三）以需求导向为目标的德育过程模型构建

德育过程的模型构建是高等学校德育实践创新研究的重要指标，高等学校德育工作本身就是一项十分重视实践的工作，德育实践创新研究旨在通过对包括德育环境、德育主体、德育途径、德育手段等在内的德育过程的分析和研究，建立一套具有科学化、标准化、代表性、可复制的德育工作模式，切实提高高等学校德育实践的实效性。所谓"模型"，汉语词典的词语解释是用压制或浇灌方法使材料成为一定形状的工具，通称"模子"。概念解释是通过主观意识借助于实体或者虚拟表现、构成客观阐述形态、结构的一种表达目的的物件，人们依据研究的特定目的，在一定的假设条件下，再现原型客体的结构、功能、属性、关系、过程等本质特征的物质形式或思维形式。模型构建的过程具有极强的目的性，是把握研究对象主要特征的一种简化描述，通过概括性、结构化的表达来形成人们思考和解决问题的基本模式，在这一点上，正好契合了德育实践以学生需求为导向的特点。因此，当前高等学校德育实践的模型构建是基于"互联网+"背景下社会所期待的德育模式尝试，模型的构建不仅要以德育的过程需要和学生的现实需求为导向，克服德育过程中存在的现实问题，解决学生学习、生活中的具体困难，同时，还是对社会各界"互联网+教育"期待的一种现实回应，是顺应社会生产力发展和生产关系变革的实践创新。

**1. 决策模型构建**

德育实践是非常注重人文关怀的一个过程，其中势必会夹杂许多主观的和感性的因素，而德育目标的制订、方法的使用、效果的评价却应该是非常严谨的工作，必须有系统的原则和科学的依据，因此，在德育过程中处理和平衡好这些关系，做好德育实践的决策，对于实现德育实践的效果至关重要。决策是为了实现特定的目标，根据客观的可能性，在占有一定信息和经验的基础上，借助于一定的工具、技巧和方法，对影响目标实现的诸多因素进行分析、计算和判断选优后，对未来行动做出决定。决策模型是为了辅助决策而研制的数学模型，是一项与数学、社会学、心理学和行为科学有密切关系的工程，建立决策模型的目的是帮助人们提高决策效率和质量，缩短决策时间，降低决策成本。所以，决策模型是一门创造性的管理技术，它包括发现问题、确定目标、确定评价标准、方案制定、方案选优和方案实施等过程。高等学校德育实践创新的决策模型构建意义正是在于，通过增加德育过程的科学化和准确性，提高德育效率和质量。德育实践决策模型的构建要瞄准三个方向：

第一，精准把握学生状态。高等学校德育实践的基础在于准确地了解和熟悉学生的状态，有针对性地开展德育工作，而落脚点在于通过德育工作能够引导学生塑造正确的道德品质、养成正确的学习习惯和培养健康的生活状态。正如本书前面所论述的，"互联网+"时代的到来，彻底颠覆了人们的思维模式和行为习惯，这对社会管理和秩序提出了极大的挑战。大学生是好奇心和接受能力极强的群体，包括学习方式、生活习惯、娱乐喜好在内的大学生的状态也发生了深刻的变化。当然，互联网从来都是一把"双刃剑"，在改变学生状态的同时，也为德育工作提供了有利的技术手段。"互联网+"时代的云计算、大数据分析等新一代信息技术让德育实践决策模型的构建成为可能，并让德育实践工作把握学生状态的能力更加强大。德育工作可以将学生的信息终端作为信号源，利用信息技术的手段准确把握学生在哪里、干什么，通过技术分析得出会发生什么、为什么的结果，精准地把握学生状态，为德育实践决策提供可靠的依据。

第二，实时反映德育过程。德育过程的完成质量直接决定着德育效果，对德育过程的把握和调整的基础是准确了解德育过程的真实面貌，例如，学生在学习学校所开设的网络课程时，学习时间是否有保证，课程学习的覆盖率是否理想，学生对德育文化的关注是否踊跃，学生参与德育实践活动是否积极等，这些信息如果能够准确及时地得到反映，帮助德育工作者准确把握德育实践的执行情况，无疑将极大地提高德育实践工作的实效性。利用"互联网+"时代的信息技术手段第一时间收集这些德育过程的数据，构建分析和决策模型，将进一步提高高等学校德育实践工作的有效性。

第三，客观反馈德育评价。德育实践是一个强调参与和互动的过程，德育目标的实现要靠德育主客体在德育过程中共同努力完成，德育实践中的过程、形式和内容的质量是否让德育对象满意，德育效果是否理想，这些关于德育的评价对德育决策有决定性的意义。德育评价包括很多方面，决策模型的构建和研究关注更多的是学生对德育过程的直观感受，类似于用户体验。用户体验是在用户使用产品过程中建立起来一种纯主观的感受，是一种强调以用户为中心、以人为本的产品设计理念。显然，建立一套能够客观反馈学生对德育实践体系的认知印象的决策模型，有利于准确把握德育实践中学生的体验和感受，客观的德育评价使德育目标的制定和德育过程的设计更加科学、有效。

### 2. 环境模型构建

"互联网+"时代的网络生活已经是学生成长过程中的常态环境。环境既包括大气、水、土壤、植物、动物、微生物等为内容的物质因素，也包括以观念、制度、行为准则等为内容的非物质因素。环境是相对于某一事物来说的，是指围绕着某一事物并对该事物会产生某些影响的所有外界事物，即环境是指相对并相关于某项中心事物的周围事物。本书界定的高等学校德育环境包括围绕着学生和整个德育过程的，对德育效果产生影响的教师队伍、朋辈关系、文化氛围、网络环境等外部空间、条件、状况的总和。高校良好的德育环境构建，就是在学校整体规划设计、积极引导和管理下，全体师生共同参与、共同营造的符合学生成长特点，旨在培养学生思想素质、政治素质、道德素质和心理素质等总和素养的过程。改革开放以来，我国高等学校德育工作的创新发展实践证明了德育环境既是一种外部的环境，也是一种内部的素养，既是静态的目标构建，也是动态的过程实践，高等学校德育环境是德育实践过程的土壤和空气，良好的德育环境将使德育实践充满了活力和生命力。环境模型的构建旨在通过模型设计，提炼和固化德育过程中各因素的质量，为德育过程的顺利完成和德育效果提供保障。环境模型构建主要从以下三个方面入手：

第一，把握主题导向的网络环境营造。网络环境被描述为：学习者在追求学习目标和问题解决的活动中，可以使用多样的工具和信息资源并相互合作和支持的场所。结合互联网时代高校学生的学习和生活特性，可见网络环境对德育实践的影响非常之大。

"互联网+"时代，高等学校德育资源和内容的传播呈现出多媒体化、传输网络化、处理智能化和教学环境虚拟化的特征，在德育实践的全过程中，包括多媒体终端、网络教室、网站网页等在内的经过数字化处理的多样化、可全球共享的学习材料和学习对象空前的繁荣。网络环境方向把控显得尤为重要，一方面，要通过技术手段实现对全球化的学习资源的过滤，保证网络环境的干净整洁，减少甚至杜绝对学生的负面影响；另一方面，要主动构筑理论学习、专题教育、主题网站等网络主题舆论阵地，主导正确的思想素质和价值理念，由此保证高等学校德育工作的正确方向。

第二，体现思想引领的朋辈素养提升。在学生德育素养提升的过程中，朋辈关系起到了非常重要的作用。高等学校德育实践过程中教师队伍的素质对学生道德培养所起的作用不言而喻，朋辈之间的影响对学生道德素质的提高更是起着决定性的作用。大多数学生在青少年时期的世界观、人生观、价值观尚未成形，思想道德和各方面的素质都易受影响而出现偏差，因此，教师的思想引领和朋辈的感染对学生德育的效果至关重要。高等学校德育实践的创新要加强德育工作队伍素养及学生群体整体素质的提升，一方面，应该培养广大德育教师的创新意识，通过学生喜爱和习惯的途径，比如，网络微博、微信等交流媒体，深入到学生群体中开展工作，加强对学生的思想引领和指导；另一方面，要不断提升学生的道德素养，选拔培养优秀的学生骨干，作为意见领袖在学生群体里发挥引领作用，及时检测、发现和报送学生群体中的思想隐患，营造良好的朋辈道德成长氛围，切实提高学生群体的道德素养。

第三，突出文化带动的网络社区构建。"互联网+"时代，网络社区是在学生成长实践中，在时间长度、影响广度和深度、收获的成果等方面，远比现实生活占有的比重要多。网络社区是包括BBS、论坛、贴吧、公告栏、群组讨论、在线聊天、交友、个人空间、无线增值服务等形式在内的网上交流空间，同一类型和主题的网络社区集中了具有共同兴趣的访问者，网络社区就是社区网络化、信息化，简而言之就是一个以成熟社区为内容的大型规模性局域网，涉及金融经贸、大型会展、高档办公、企业管理、文体娱乐等综合信息服务功能需求。由此可见，"互联网+"时代网络社区作为伴随学生成长的主要环境，对学生思想道德品质形成的重要性不言自明。高等学校德育实践创新要形成各部门联合行动的管理机制，有计划地组织网络文化的创建，以文化氛围引导学生网络文明的形成，以积极上进的网络社区环境激励学生利用网络学习知识、创新创业、表达观点、抒发情怀。

### 3. 管理模型构建

高校学生事务的管理与服务是高等学校德育实践不可或缺的一部分，我们知道，德育实践过程中的"用户体验"对德育效果的影响非常之大。高校学生事务管理和服务中管理的水平和服务的质量都对德育效果起着决定性的作用，科学的管理和优质的服务对发挥德育功能、实现德育目标有着不言而喻的作用。随着社会经济的不断发展，人们对社会管理和服务的要求越来越高，与需求相匹配的管理和服务往往会赢得人们的认可，形成良好的社会秩序和氛围。与此同时，高校学生对校园管理和服务认知与要求也不断提高，特别是随着互联网信息技术的不断发展，学习生活习惯的变化更是使学生对高效率、高质量的管理服务充满期待。充分利用互联网新一代的信息技术，准确把握学生的特点和需求，建立人性化、高质量的管理模型是高等学校德育实践创新的必然要求，"互联网+"时代的大学生自主性和独立性更强，学习和生活的方式趋于个性化，因此，高等学校德育实践应该以学生的体验为出发点，力争在管理和服务中构建能够实现学生自助服务、自我管理和自主学习的管理模型。

首先，管理模型的构建要完善学生自助服务的平台。不断增强高校学生事务管理服务的快捷度和高效性，不仅能够为德育工作队伍减负，节约大量的人力、物力成本，而且在为学生带来便利服务的过程中，能够极大地提升德育实践工作的亲和力，增强学生对学校及德育工作的认同感和归属感。科学技术的发展不仅带来了社会的进步，也使学生的需求不断提高，高校学生事务管理服务信息化建设刻不容缓，通过科技手段建设自助服务是学生事务管理服务发展的趋势。自助终端采用的模块化结构设计，维护方便，成本低廉，可使得管理服务过程达到较高的便利性，更加体现了管理服务的人性化设计理念。同时，建立和完善这样的学生自助服务平台，也使学生在使用这种可靠和稳定的数据设备中，潜移默化地接受诚信教育，在规则和规范的帮助下自发形成契约意识。

其次，管理模型的构建要培养学生自我管理的意识。培养学生的独立意识和独立精神是高等学校德育实践的重要内涵之一，通俗地说就是要实现学生的自我管理，使其能够对自己的目标、思想、心理和行为等表现进行管理，实现自我组织、自我管理、自我约束、自我激励、自我奋斗的一个过程。在高校以往的学生事务管理服务模式中，德育工作者参与过多，一方面限制了管理服务效率的提升，另一方面让学生的独立性得不到足够的锻炼，凡事易对他人产生依赖感。管理模型的构建要通过建立一系列的学生信息化服务系统，让学生能够自己完成个人的信息管理、课程管理、生活管理等工作。在这一过程中不断培养学生的计划能力、自控能力，进而实现学生自我管理、自我教育。

最后，管理模型的构建要提高学生自主学习的能力。学习能力是学习态度、学习方法和学习计划的总和，是动态衡量人才质量高低的真正尺度。"互联网+"时代学生的学习方式、生活节奏和行为习惯都发生了深刻的变化，学生的个性化需求被放大并得到足够的重视。高等学校德育实践管理模型的构建要充分体现对个体行为差异的尊重，利用互联网信息技术建设更多的信息化学习平台，使学生能够随时随地通过笔记本电脑、手机、平板电脑等移动终端选择学习方式和学习内容。模型的构建要帮助学生自主制定学习目标和学习计划,自我调节学习时间、学习负荷和心理压力,克服学习中的挫折和困难,合理规划并形成自己的学习过程。管理模型的构建不仅能够满足学生在互联网时代新的学习需求,而且在通过帮助学生建立自我学习的过程中,还能切实提高学生的学习效率和学习效果。

综上所述,"互联网+"时代不仅给高等学校德育实践带来了一系列的难题和挑战,同时也为提升高等学校德育工作水平和质量带来了机遇和契机,按照高等学校德育实践创新研究的总体目标,遵循创新的基本原则,采用正确的方法和策略,将互联网与高等学校德育实践深度融合,并产生化学反应,从而为高等学校德育实践提供更有力的支撑保障,最大限度地释放"互联网+"带给高等学校德育工作的红利,会让"互联网+高等学校德育"的果实惠及莘莘学子。

# 第三节 "互联网+"时代高等学校德育实践的发展与创新

"互联网+"时代高等学校德育实践的发展与创新不仅是时代的要求,也是顺应高校互联网民意、保持互联网秩序和维护网民利益的内在需求,更是"实施网络强国战略,让成果惠及全民"的战略要求。"互联网+"时代高等学校德育实践的创新,就是要秉承"互联网+"的思维和理念,充分借助于"互联网+"时代信息技术的优势,改进高等学校德育实践的方式和方法,以保持高等学校德育理念的先进性、德育实践的有效性和德育过程的科学性,推动高等学校德育实践过程中各个环节的全面优化。如此,才能保证在"互联网+"时代的创新发展中,高等学校德育实践的方向更准、腰杆更硬、底气更足。

## 一、塑造积极"互联网+"思维以保持德育理念之先进性

当前,"互联网+"逐步深入融合到经济发展、社会管理、人们生活的每一个角落,高校所面临的社会环境和高校内部的治理结构发生了巨大变化。互联网已经成为高校的思想和知识传播的重要领域、师生学习和生活的创新空间、学校教学管理的重要平台。"互联网+"时代构建了高等学校德育实践新的内、外部环境,"互联网+"不仅带来了先进的信息技术,也为高等学校德育实践提供了一种先进的思维方式。积极培养高校以"互联网+"思维开展德育实践创新的意识,不断提高高校师生的"互联网+"能力,才能准确抓住互联网高速发展所带来的新机遇,保持高等学校德育理念的先进性。

### (一)"互联网+"意识的培养

随着我国"互联网+"行动计划的不断发展,"互联网+"已经由国家战略转变为深入人

心的思维意识和方法论。高等学校德育实践要充分共享"互联网+"带来的红利，不仅要从学校层面加强对"互联网+"意识培养的重视，更要做好德育实践主体的意识培养。高等学校德育"双主体"一直是本书所持的德育观点，即在高等学校德育实践过程中，教师和学生都是德育实践活动的主体。切实培养高校师生共同的"互联网+"意识，有利于形成教师和学生协调互动、共同发展的良好格局，从而达到高等学校德育实践良好的育人效果。

### 1. 学校"互联网+"顶层设计

"互联网+"时代高校的外部环境和师生的思想形成都发生了明显的变化，学校应该从全局的角度出发，系统地把握新形势下高等学校德育实践所面临的机遇和挑战，统筹考虑学校层面和师生层面的变化，明确"互联网+"时代高等学校德育实践创新的理念和目标，制订可行性较强的实践计划，并通过机制的建立保证德育实践的创新发展。

学校应该对国家"互联网+"行动计划做出积极回应，准确把握"互联网+"的发展理念和趋势，通过平台搭建、体系重构、机制驱动等方式，明确"互联网+"深度融入学校人才培养和德育实践的发展战略。一方面，学校应进一步加大经费、人力、物力等资源的投入，成立专门的互联网信息化工作办公室，加强信息化基础设施的建设，推进无线网络进校园、进课堂、进宿舍的校园网络全覆盖工程，布局高等学校德育实践创新发展的关键技术，为"互联网+"背景下高等学校德育实践创新搭建工作平台；另一方面，学校应通过建章立制明确"互联网+"深度融入高校人才培养的发展思路，引导、激励单位和个人树立新思维，借助于新技术，产生新动力，加强学校层面对"互联网+"的推动、扶植与监督，提供"互联网+德育"的相关服务，将"互联网+"与高校事业发展深入融合机制化、常态化，推进高校人才培养和德育实践的创新发展，不断激发高等学校德育实践工作的新活力。

### 2. 教师"互联网+"意识培养

高校教师"互联网+"意识的培养就是要帮助教师利用互联网开展教学、管理、服务等工作，并在这一过程中不断创新教育理念和手段，提高教育水平和效果。高等学校德育实践过程中，尽管教师和学生都是德育实践活动的主体，但由于传统教育模式的影响，教师往往在师生关系中还是处于相对主导的地位，因此，教师"互联网+"意识的培养在整个德育实践创新过程中的作用显得尤为重要。

首先，教师必须认识到"互联网+教育"的趋势之不可逆。"互联网+"已经从国家战略的高度自上而下改变着我国经济发展、社会生活的方方面面，教师可以深刻体验到这一点，但更重要的是认识到新形势下"互联网+教育""互联网+学习""互联网+德育"已经成为高校人才培养不可逆的发展趋势和创新驱动力。对"互联网+"新形势的清醒认识是高校教师在德育实践活动中树立新理念、凝练新思路、形成新方法的不竭动力。

其次，教师必须提高利用互联网的主观能动性。"互联网+"是一种开放的思维和方法，这就为高等学校德育实践创新提供了无限的可能和多种结果。教师必须树立主动的、积极的"互联网+"意识，在高等学校德育实践活动中分析、把握、结合德育过程和德育主体的新规律，利用"互联网+"的技术优势，解决新时期高等学校德育实际活动中的新问题，对学生进行积极的引导和帮助，达成师生对"互联网+"融入德育实践活动的共识，形成良性互动，方能切实提高德育实践活动的实效。

### 3. 学生"互联网+"行为引导

大学生群体是思维活跃、求知欲和学习能力较强的一个群体，他们对互联网信息技术的接受、适应和熟悉都较快。然而，"互联网+"时代的海量信息资源和多元价值文化很容易让学生在网络世界里迷失，学生通常是在互联网上娱乐、交友、购物等，利用互联网学习的比重却相对较少。互联网已经成为学生学习、生活中的必需部分，在无法阻止学生接触互联网的前提下，引导学生正确、健康地使用互联网就显得非常重要。加强对学生"互联网+"行为的引导，就是要引导学生利用互联网完成更多与学习和成长有关的内容。一方面，在教学过程中适当减少课堂学习的比重，通过构建网上学习资源，增加在线学习的环节和内容，将在线学习变成学习过程中不可或缺的一部分，帮助学生形成利用网络进行学习的概念和意识，养成利用网络进行学习的习惯；另一方面，要鼓励和引导学生通过互联网加强学习互动、提高学习质量，互联网的平等、开放、去中心化的特征，给学生带来了自由表达观点和看法的渠道，学校要主动引导学生利用互联网平台与教师进行交流和互动，在这种交流的环境下，学生的真实感受和想法会充分表达出来，学生群体中存在的思想问题也会暴露出来，便于及时发现和解决学生群体中的各种危机，增强高等学校德育实践活动的针对性和实效性。

### （二）"互联网+"能力的提高

"互联网+"是一种能力，这种能力不仅包括对互联网高速发展过程中所诞生的新兴信息技术的掌握，更是一种利用互联网与传统行业融合发展产生新业态和新活力的能力。当前，高等学校德育实践中依靠互联网平台开展的德育活动越来越多，"互联网+德育"已经成为高等学校德育实践创新的重要途径，"互联网+"能力的提高成为保证高等学校德育实践工作质量和德育实践活动效果的重要手段。高等学校德育实践活动中，教师不仅要熟悉和掌握"互联网+"时代新兴的信息技术，更要学会将这些新兴的信息技术与德育实践过程连接起来、融合进去，催生德育实践的新面貌和新活力。

### 1. "互联网+"信息技术的掌握

对"互联网+"信息技术的掌握是高等学校德育实践创新的基础。"互联网+"信息技术是互联网快速发展过程中产生的新兴信息技术，如大数据、云计算、新媒体技术等，这些新兴信息技术是高等学校德育实践创新的媒介、工具和手段，高等学校德育工作者如果不掌握这些技术，就如同战场上没有了武器，工作中失去了载体，也就失去了德育过程中的主动权和话语权。因此，对"互联网+"信息技术的掌握显得尤为重要，学校要组织教师队伍加强对新兴信息技术的学习，教师通过学习要基本了解和掌握互联网新兴信息技术的功能、特性和原理，能够自主利用新兴信息技术设计德育过程，制作德育资源，完成德育实践。同时，还要紧跟时代要求，不断提高自身网络素质，及时更新网上教育内容，使用学生喜闻乐见的形式，赢得学生的喜爱，从而达到较好的教育效果。例如，教师要学习和熟悉大数据的特性、功能和应用，了解甚至掌握利用大数据对德育实践过程进行决策、管理和监控的技术；要学习云计算的特点、功能和优势，了解云计算在教育发展中的最新成果和应用；要熟悉和掌握微博、QQ空间、微信等新媒体技术，能够建立自己的话语平台，并融入学生的话语体系，与学生完成即时通信和多向互动等。这些信息技术的学习和掌握是德育实践创新发展的技术基础，并使教师在高等学校德育实践活动中，能够利用互联网信息技术拓展新渠道和新手段，从而为构建新的德育实践创新平台提供可能。

### 2. "互联网+"思维能力的提高

简单说来，"互联网+"的"+"就是连接与融合，这也是"互联网+"的创新驱动能力之所在，利用互联网新兴的信息技术与传统行业的连接和融合，能够激发传统行业的新活力。要把握"互联网+"时代的技术红利，教师不仅要勤于学习新的互联网信息技术，更重要的是要有意识、有能力将这些信息技术与德育实践环节连接起来、融入进去，不仅仅是技术的连接、服务的融合，更是资源的连接、过程的融合。

高等学校德育实践过程中，教师要学会借助于新媒体技术，收集、制作和发布内容健康、形式多样的德育内容和教学资源；要学会利用大数据的分析功能，对学生的发展状态进行监控、预警和干预；要学会利用即时通信技术的优势，加强师生的实时指导、在线互动，实现真正的平等对话和有效交流，提升德育实践的效果。总之，"互联网+"时代信息技术的发展从来都是日新月异、层出不穷的，但不管技术如何更新和变化，高校教师只要拥有了"互联网+"思维能力，就总能够针对新技术在高等学校德育实践过程中找到新的连接方法和融合渠道。

### （三）"互联网+"秩序的治理

"互联网+"时代高等学校德育实践的创新，可以说既是高等学校德育实践的无奈之举，又是用心之举。之所以说是无奈之举，是因为互联网的快速发展深刻地改变了高等学校德育实践的内、外部环境，并深深地影响了德育实践的效果，高校不得不利用互联网、融入互联网，以求德育实践的实效性。用心之举，是符合高等学校德育实践"因事而化、因时而进、因势而新"的内在要求的，是高校主动应对形势的变化，不断改进德育实践活动的态度。互联网的开放性和虚拟性特征，一方面给高等学校德育实践创新带来了新机遇；另一方面也为德育实践效果的实现带来了新挑战。既然高等学校德育实践活动要连接互联网、融入互联网，就必须建立互联网德育实践的新秩序和新规范。

### 1. 纪律约束

这里讨论的纪律约束主要是指对高等学校德育实践过程中教师主体的约束。互联网海量的信息资源和多元的价值观念对学生的成长发展产生了巨大的冲击，以学生的知识和阅历储备，一般很难判断和抵御互联网上某些低级、负面甚至反动的不良信息的危害。这时就需要教师对这些信息做出判断和筛选，对学生进行正面的引导和教育。教师在互联网德育实践过程中的作用显得尤为重要，然而，互联网是一个开放、自由、虚拟性很强的空间，不仅学生能隐藏自己的真实身份自由发布观点和意见，教师也有这一可能。教师可能平日里碍于在公共场合的身份，无法跟学生抱怨、宣泄情绪，在互联网上却较多地发表个人的情绪和不满，这样一来，教师在互联网上"过滤器"的作用不但没有发挥，反而形成了负面的作用。因此，对教师利用网络开展德育实践活动要进行严格的纪律要求，可以适当地对教师的网络身份进行监控，督促这些德育实践环节的"抓手"真正地尽其职，发挥正面的教育和引导作用。

### 2. 诚信树立

"互联网+"时代，对于社会诚信（考验个人道德）和职业诚信（考验行业伦理和管理者道德）的要求的确比无网时代更高，因为网络兼具揭露欺骗和迅速传播真相的功能。利用互联网进行高等学校德育实践创新，信息化的手段将被广泛地应用于学生教育、管理、服务的各个环节，以往凭借经验和感觉来掌握学生成长过程的教育状态发生了巨大的改变，学生的成长过程和状态更多是通过客观的数据，以量化和可视化的方式呈现在教师面前，这些数据则成为德育实践过程中决策的重要依据。然而，在互联网的面纱保护下，学生诚信的部分缺失让成长过程中采集到的客观数据并不真实，比如，学生自己填写的个人信息存在不实，学生利用他人的互联网身份进行活动，与教师的网络互动隐藏自己的真实想法，利用网络学习的漏洞逃学，等等，这些不诚信的举动可能让学校和教师获得错误的分析信息，影响对学生成长状态的判断。所以，学校要进一步加强学生的诚信教育，通过建立征信系统，建立信用档案，采集、客观记录学生信用信息，并与其校园学习、生活挂钩，培养诚信意识和契约精神，健全守信激励和失信惩戒机制，使守信者受益、失信者受限，让诚信成为共同的价值追求和行为准则，切实保证高等学校德育实践创新中的数据权威和实效性。

### 3. 言行规范

"互联网+"时代连接一切、开放、自由的特性，决定了每个个体既是信息的接收者和传播者，又是信息的生产者和发布者，个体自由度的放大激发了个体信息生产和传递的积极性，促成了海量信息资源的生成。同时，无限的自由也就减少了对个人行为的监督和社会公德的约束，互联网上言行失范、网络暴力的现象比比皆是。这种现象在青少年学生中尤为严重，学生处于价值观念尚未成熟的时期，情绪易激动且容易受到外部环境的干扰，如果没有互联网的言行规范，网络德育实践的效果实在令人担忧。高校应制定详细的学生网络行为规范，对学生在互联网上的语言和行为规范进行明确的规定，引导学生在互联网生活中强化自律意识，甚至可以将相关的管理规定写入学校学生管理办法中，加大对网络言行失范的监控和处罚力度，以培养和建立学生网络行为自律的制约机制。此外，通过在校园里广泛地宣传良好的互联网公德规范，对学生在互联网上的言行失范进行监督和批判，共同营造文明健康的网络空间，方能建立一个良好的互联网德育实践环境。

## 二、优化"互联网+德育"载体以提高德育实践之有效性

"互联网+"时代高等学校德育实践的优化重点是研究和解决如何保证高等学校德育实践的有效性。随着信息技术的飞速发展和互联网的广泛应用，社会运行面貌改变的同时，也改变着学生学习、生活、娱乐等行为方式。学生的学习习惯、方式、途径都发生了巨大的变化，更多的互联网元素植根到学生的脑海当中，彻底改变了他们的审美标准，传统的德育模式更加难以讨学生喜欢，直接影响到德育实践的效果。"互联网+德育"体系的优化就是要将"互联网+"时代的信息技术优势运用到高等学校德育实践当中，并借鉴"互联网+"时代产业发展的经验和模式，找到高等学校德育实践的新方法和新路径，不断提升德育实践的新活力，从而提高德育实践之有效性。

### （一）"O2O 模式"增强德育课程的吸引力和实效性

一直以来，高等学校德育课程力求能够牵引学生按照课程指导的方向开展学习，然而随着互联网发展对世界的改变，传统课程的吸引力大大降低，德育课程的实效性岌岌可危。高等学校德育课程的组织形式、资源建设都亟待顺应时代发展的潮流，做出积极的回应和改变。O2O（即 Online to Offline，线上到线下）是"互联网+"时代广泛流行的商业概念和模式，它将线下的商务机会和互联网结合，使互联网成为线上和线下交易的平台，

大大增加了商务机会。构建德育课程 "O2O 模式" 是充分利用互联网连接一切、开放融合、海量信息等优势，运用云计算和云平台技术建设在线德育课程，创建线上和线下交叉互动的新型学习方式，构建丰富、生动的德育课程资源，及时整合、反馈学习评价，切实推进德育课程向更加人性化、个性化和实效性方面的提升。

### 1. 构建人性化的学习内容

高等学校德育课程 "O2O 模式" 的创新重点之一是，解决传统课程的内容和形式已无法满足学生日益改变的认知需求的矛盾。随着 "互联网+" 时代的到来，人们的行为方式、生活习惯都发生了前所未有的改变。在高校，学生的认知规律和学习习惯也发生了巨大的变化，传统的德育课程内容越来越不适应这种变化，"O2O 模式" 的德育课程内容建设主要是依靠新兴的信息技术，让德育资源以崭新的面貌出现在学生面前，并利用云计算和云平台技术将德育内容放在互联网上，供学生随时随地自主选择学习，更加能够调动学生的学习兴趣和热情。

第一，丰富、生动的德育内容构建。传统德育课程的内容大多给学生古板和说教的印象，特别是伴随着互联网海量信息资源和多元文化的爆发式增长，学生接触到的各种信息越来越时尚、生动，传统德育课程的内容更加无法讨学生喜欢。"O2O 模式" 的德育课程内容建设充分利用新兴信息技术的优势，将德育内容重新包装。例如，充分利用音视频、动画、PPT 等多媒体形式建设课程内容，或者构建轻松、娱乐化操作体验课程，以任务驱动的方式引导学生掌握知识等，以学生喜爱的面貌展现出来，让德育过程寓教于乐，也是德育实践活动重在体验和感悟的初衷。

第二，契合学生学习习惯的德育内容建设。随着互联网学习功能的不断强大，以往以教师为中心的学习方式被彻底改变，学生可以利用网络随时随地进行自主学习。"O2O 模式" 的德育课程内容建设遵循学生去中心化、碎片化的学习习惯，将德育课程内容按照知识点切割为若干部分，方便学生随时随地利用互联网学习，对零碎学习时间的利用可以大大提高学习效率。同时，被拆分的德育内容都以短小的音视频面貌出现，也契合了互联网学习中学生无法长时间集中注意力的特点，有效地保证了学习的效果。

第三，人性化的德育资源选择。"O2O 模式" 的德育课程内容建设注重线上和线下德育资源的相互补充，教师在网络课程上提供与课堂教学相匹配的教学资源、课件、电子图书、音视频等，学生可以根据自身的学习特点和喜好选择德育内容、学习方式，分配线上学习和线下学习的比重，这种人性化的德育资源选择更加适应学生的学习规律，在德育内容的掌握过程中能够得到更加理想的效果。

### 2. 满足个性化的学习需求

高等学校德育课程 "O2O 模式" 是将传统的德育课程教学从线下转移到线上，以传统的德育课程为基础和指导，用信息技术的方式进行包装。线上和线下学习的互补，能更大程度地增强学生学习的自主性，学习路径和进度的选择也能更加尊重学生个体的实际情况，从而可以提高学习的活力和效率。

第一，学习路径个性化。德育课程"O2O模式"是传统课堂的标准化教学向学生个性化学习的革命性转变。每个学生的知识基础、思维能力和学习兴趣都不尽相同，这正是因材施教的原因所在。"O2O模式"的课程教学将丰富多样的课程资源配置于"云端"，教师会制定共性的学习目标和要求，而不会像传统课堂教学的标准化要求那样限定统一的学习步调，学生的学习自主性得到很大程度的提高。教学过程允许学生根据自身的兴趣喜好、学习习惯、能力基础等个性化差异，设计和选择自己的学习时间、学习地点和学习方案。这种德育课程教学模式彻底改变了传统德育课程在学生心目中的面貌，打破了以往学生在德育课程中的被动局面，他们可以自主选择学习顺序和学习路径，个性化学习需求的满足和个体差异得到尊重，更大程度地提高了学生的学习兴趣和课程教学的效果。

第二，线上和线下良性互补。德育课程"O2O模式"是典型的混合式教育模式，线上和线下的学习都是德育课程学习的核心部分，线下教师和学生面对面的内容讲授与线上的课程自学得以相互补充。"O2O模式"打通线上和线下课程内容的信息和体验环节，不仅给学生的学习带来了更多选择，也为教师对德育课程的设计带来了更多可能，教师可以安排学生在课前通过线上自主学习完成指定的部分学习内容，这样线下的课堂教学中就能够引入更多师生互动环节，更加有利于德育课程的教学质量的提高。

### 3. 全方位的互动学习评价

德育课程的教学最终要落实在学生对德育内容学习和领会效果的把握上，传统的德育课程教师在课堂上讲授，无法及时掌握学生的学习效果，也了解不到学生的学习差异，课程结束时的考试或课程论文更是无法准确地反映学习效果。"O2O模式"的德育课程利用互联网信息化的管理优势，既可以对学生的学习轨迹进行跟踪、学习效果及时评测、学习过程智能辅助，还能完成师生一对一的及时互动，全方位的学习过程评价大大提高了德育课程的实效性。

"O2O模式"的德育课程让学生能够根据预先设计好的学习流程，在学习系统智能分析的指导下逐步完成学习内容。系统会及时通过测试工具和手段显示学生的学习效果，并给出下一步的学习计划，保证每一名学生线上学习的逻辑性。允许教师根据课程情况安排线上和线下的学习内容，通过线上信息化的学习记录系统，可以准确地把握每一名学生的学习进程和轨迹，了解学生的学习习惯和共性的问题，在线下课堂教学中有针对性地进行教授并解决。此外，学生在线学习的数据"留存"不仅是学生学习过程的监督和评价，更为师生的互动交流搭建了平台。传统课堂一对多的讲授模式下，大多数学生都无法与教师进行一对一交流，德育实践的效果也大打折扣，而线上学习打破了时间和空间的限制，给师生交流更多的开放和自由度，敞开心扉的师生互动更加符合德育实践活动的本质要求，使德育课程内容的传授、学习和体验效果都大幅提升。

### （二）新媒体平台凸显德育实践的话语权和感染力

随着"互联网+"时代的到来，人们的日常生活对互联网的依赖度越来越大，传统媒体在人们生活中的比重越来越小。特别是在思维最活跃、学习能力最强的高校师生群体中，传统媒体的使用范围和影响力越来越小，高校师生成为最积极和最广泛使用新媒体技术的群体。高等学校德育实践活动中，德育环境对德育实践效果的影响举足轻重，德育环境潜移默化地对学生的思想品德、道德素养和行为规范起着渗透、引导和规范的作用。"互联网+"时代，新媒体技术广泛替代传统媒体以及深刻影响学生操行的趋势，使新媒体平台成为德育实践的重要载体和媒介。如何利用新媒体技术加强高等学校德育新媒体载体的建设，提高高等学校德育工作在学生互联网生活中的话语权和主导权，提升高等学校德育实践活动的感染力，成为高校德育实践创新的关键点。

#### 1. 德育载体的新选择

"互联网+"时代，在万物互联、跨界融合的政策指引和市场选择中，人们的生活方式发生了巨大的变化，当我们认真地观察和总结自己的生活时，就会发现诸如传统的报纸、书籍、杂志、宣传栏等都有了互联网的替代产品。在高校，随着移动通信技术和互联网技术的发展，学生利用移动互联网终端更加便利，他们获取信息、休闲娱乐、人际交往都可以利用手机等移动终端完成，于是学生普遍成为"低头族"，走到哪里都在看手机，就算没事也要把手机拿出来按两下，可见互联网几乎已经成了学生知识积累、思想成长的最主要平台。高等学校德育实践中的传统载体已经无法满足学生成长的需要，新的德育实践载体呼之欲出，利用"互联网+"时代的新媒体技术加强德育载体建设是最能保证高等学校德育实践效果的选择。

当前，新媒体平台已经成为学生最喜爱的成长环境，高校加强新媒体德育载体建设要准确把握学生的特点及喜好，到学生活动最频繁的区域和地带，以学生最喜闻乐见的媒介方式，潜移默化地影响和引导学生成长。首先，互联网移动终端、手机客户端及应用程序（APP）成为学生互联网生活的重要媒介，学生已经习惯了利用这种形式和面貌的工具进行生活、交流，高等学校德育实践进网络要抓紧德育主题应用程序的建设，将德育内容通过学生喜爱的学习方式和渠道展现出来，更加有利于增加学生对学习内容的好感；其次，如今，以微信、微博、QQ 空间等自媒体为代表的新媒体平台，几乎成为学生表达观点、分享心情、人际交往、休闲娱乐等诉求的主要载体，学生的思想在这些平台上汇集、交流、发展、定型，高校要抓住这一难得的自然形成的学生网络生活集散地，建立学校的官方微信公众号、微博和 QQ 空间等，通过这些新媒体手段将德育内容包装成为学生愿意接近、了解和认可的模样，方能使德育实践具有真正的吸引力和感染力。

### 2. 话语争夺的新阵地

话语权的争夺主要就是解决如何吸引学生关注和学习德育内容的问题，树立学校主流德育思想对学生德育的主导权。新媒体平台作为德育实践的重要载体，必将成为高等学校德育话语权争夺的主阵地，新媒体平台上，德育实践话语权的争夺要从两个方面来着手，也就是"引得来、留得住"的问题。

首先，如何将学生吸引到高校建立的新媒体平台上来。高校应加强"互联网+德育"载体建设的探索与创新，最大限度地将学生吸引到校园新媒体平台上来。一方面，高校要推进在学生已经固有的新媒体生活平台上搭建德育实践载体，学生在哪里，高等学校德育实践的触角就伸到哪里，学生在日常生活中寻找自己感兴趣的内容时，多少会浏览到主流的德育内容，让德育实践的声音无处不在；另一方面，高校对于新媒体德育实践载体的建设，也要有智慧、有计划、有方法地采用引导和制约机制。据调查，在大学生浏览学校相关网站的主要目的中，浏览"学校思想引领与主题教育"内容的学生比例不容乐观，但其他学生校园生活的"必需品"是他们不得不浏览的，所以，高校应将与学生的学习和校园生活等切身利益相关的教育新闻资讯、管理服务内容整合到新媒体平台上，如学生的选课、成绩查询、考试报名、学年小结、评优评先、奖助学金申请、重要文件发布等，利用新媒体完成这些学生教育管理的内容，既达到了便捷、高效的效果，又能够让学生登录主流德育实践平台变成情理之中的必然，这样学校就牢牢把握住了学生登录校园新媒体平台和浏览主流教育信息的主动权，对学生关注主流新媒体德育平台的控制，为高等学校德育实践新媒体媒介发挥作用创造有利条件。

其次，如何将学生稳定地留在新媒体德育平台。新媒体德育平台最显著的特点就是改变了以往德育工作的面貌，将原来的道德说教变成一种媒体环境和文化，通过环境和文化的营造，让学生自主选择教育内容，通过新媒体实现师生的平等对话和互动交流，有效提升德育实践效果。高校加强新媒体德育平台的建设：第一，要在尊重学生个性发展的基础上，不断提升网络德育文化的品质和厚度，学校的官方微信公众号、微博和 QQ 空间等新媒体平台上的内容建设要多些诚意、更接地气，让学生对主流媒体的阅读更加轻松、倍感亲切；第二，要有意识地培养师生员工成为校园里的网络大咖和意见领袖，充分发挥微博、微信和客户端的引导作用，在新媒体的环境下有计划地开展德育话题的讨论并解答问题，掌握了新媒体平台的话语权，就掌握了德育实践的主动权和主导权；第三，引导师生员工对主旋律的德育内容进行广泛的评论、点赞、转发，营造风清气正、心灵共鸣的新媒体网络环境，学生在新媒体平台上有收获、有感触，他们自然就会经常浏览这些微博、微信公众号、QQ空间等。

## 三、创新"互联网+管理"流程以提升德育过程之科学性

"互联网+"时代高等学校德育实践创新是新一代的互联网信息技术融入高等学校德育过程中，对学生教育管理服务的理念、方式、方法的全面优化和转型，其实质是要通过教育管理服务方式和流程的再造，重点解决高等学校德育过程中管理组织头绪较多、流程较长、决策效率较低的问题。运用互联网新兴的信息技术实现学生教育管理服务的信息化，不仅使德育过程更加规范和高效，而且让德育组织过程中的决策更加精准、有说服力，能切实提高高等学校德育实践过程的科学性。

### （一）信息化管理实现德育过程的规范化和管理服务的高效性

"互联网+"时代的来袭让学生对高校教育管理服务过程产生了诸多对比和期待。借助于互联网信息技术实现高校教育管理服务的信息化，不仅能够实现高等学校德育过程的规范化，而且更加契合时代特点和学生的需求，保证管理服务的高效性。

#### 1. 德育过程的规范化

高等学校德育实践的创新从来都是应该围绕学生的特点和需求开展的，"互联网+"时代学生生活方式网络化、信息化的特点决定了高等学校德育实践要以信息化的方式不断提升德育效果，而信息化管理服务过程也使得德育过程更加规范。信息化的管理服务改变了以往依靠人工进行管理的方式，信息技术的介入使德育过程更加科学，学生在德育过程中的成长痕迹被详细记录、清晰可见，德育过程更加严谨和规范。

高校要顺应时代的发展，以互联网新一代信息技术为依托，不断加大信息化教育管理服务平台的建设，创新学生德育管理服务的职能和手段，契合学生的时代特点和成长习惯，将"管理服务育人"落到实处。高校应通过建立信息化的学生教育管理服务系统，将学生行为教育管理从现实生活中搬到互联网空间里，利用互联网信息技术的优势，尊重学生习惯和热衷的方式，建立学生操行管理信息平台，对学生的成长过程进行监督和规范，以一种无时无刻不在的环境压力对学生的成长轨迹进行规范。如利用指纹识别和人脸识别等个人体征识别技术建立课堂学生电子身份签到和网络学习痕迹管理系统，利用手机GPS模块定位技术建立学生行为轨迹监控管理平台等，对学生的学习、生活轨迹进行指导，把

握学生成长的正确方向；又如，建立学生信息管理系统，详细记载大学期间个人的信息和成长记录，每年都有严格的审查和登记，学生每年要进行自我小结等，这些信息化的管理服务方式既规避了以往学生的不诚信行为，又切实培养了学生的独立意识和契约精神。当然，高校在运用先进信息技术对学生的行为进行管理的过程中，也要把握好度，既要规范管理，又要注意对学生隐私的保护。

### 2. 管理服务的高效性

高等学校德育实践创新的信息化管理方式克服了学生教育管理过程中人为因素的影响，让德育过程更加规范。同时，信息化的教育管理服务过程让德育过程更加人性化，成功规避以往管理服务中层级多、人员杂、内耗大的问题，让管理服务过程更加务实和高效。"互联网+"连接一切、尊重人性的管理思维，实质上是带给人们一种去中心化、扁平化的管理方式，对于传统的管理理念而言，尽管去中心化和扁平化看起来是一种比较"叛逆"的决定，然而这是符合"互联网+"时代潮流的，是不可逆的革新过程。

高等学校德育实践创新要充分把握时代特征和潮流、尊重学生的特点和需求，改变以往的教育管理服务理念，尽可能地减少不必要的管理层级，依靠互联网信息技术的强大计算处理和记忆功能，建立丰富、立体的学生自助管理服务系统。管理层级的压缩规避了复杂的人际关系，减少了不必要的内耗，通过人机对话的管理服务，切实让管理服务过程缩短、效率提高。如建立学生自助报到系统、证书证明打印系统、学业管理系统等，让学生从进校就开始学会自助服务、自主教育、自我管理；又如利用微信、QQ、微博等新媒体技术实现学生网络查寝、网上投票等教育管理功能，不仅大大减少了德育实践中人员的工作负担，提高了管理服务环节的效率，而且符合学生喜好的媒体方式也增强了高等学校德育实践的亲和力，切实提高了德育实践的实效性。

### （二）大数据分析保证德育过程的精细化和准确性

"互联网+"时代的到来，让人们的各种行为活动都与互联网有着密不可分的联系，在高度发达的信息技术的支持下，几乎人们生活中的所有活动都能以数据的形式被反映、采集和分析。大数据技术为高等学校德育实践创新提供了革命性的技术支持，每一名学生的学习、生活、实践、娱乐等行为信息都能够以数据的形式被学校动态采集和掌握，通过科学、快捷的数据分析反映出学生的行为和思想状态，在高等学校德育实践过程中提供及时的预警和提醒，保证德育过程决策的精准性。同时，高校可以通过构建数字化的分析模型，利用互联网信息技术强大的计算功能和智能化的分析功能，对学生成长过程中的状态进行筛查、分析和处理，数字化模型的智能辅助功能真正成为高等学校德育实践的智库，切实保障德育过程的精细化和准确性。

### 1. 大数据分析驱动德育过程的精准决策

当前，随着我国社会信息化程度的不断深入发展，绝大部分高校都已经启动了校园信息化的建设，诸如校园一卡通、教育管理服务信息系统等一系列的信息化建设项目，为高等学校德育实践创新提供了有力的基础保障。高校应该进一步利用"互联网+"时代的思维和技术优势，深入推进学生校园行为数据的采集工作，依靠权威的数据支持，通过智能化的大数据分析功能，为德育过程的精准决策提供可靠依据，彻底改变高等学校德育实践过程中学生教育管理"凭感觉、靠经验等报告"的被动局面。

首先，构建可靠、动态、互通的学生行为基础数据库。学生行为基础数据库是大数据分析的源头，高校要从学校整体发展战略的高度树立大数据的思维，打通和连接校园内部的"信息孤岛"，确保学生行为数据库的唯一性和权威性，从而保证大数据分析的准确性。学校要加大基础数据采集平台的建设，及时对学生的行为数据进行采集、存储、更新和整理，使数据采集工作保持动态、有活力，才能保证基础数据库的有效性。学校要统一思想、统一步调，实现学生学习、生活、实践、娱乐等各个方面的数据纵向互通、横向互联，学生全部行为数据的互通与互联方能实现学生在校行为数据的整体性。

其次，构建及时推送的智能分析与预警系统。数据分析和决策辅助才是大数据的核心价值所在。可以说，"互联网+"时代学生的一切行为都能够以数据的形式被描述，以往高等学校德育实践中对学生行为的粗放管理，不仅使学生成长中的诸多困难和隐患较难被及时发现，而且德育工作者往往通过学生的报告和个人的经验采取相应的干预，教育效果不甚理想。高校应充分利用大数据技术的优势，建立智能分析与预警系统，依托可靠、动态、互通的学生行为基础数据库，把学生的个人基本信息数据、学习行为数据、日常操行数据等大数据进行联系、对比、分析，发挥学生个人成长数据的整体效应，全面、准确地反映学生行为和思想的真实状态，让概念化的学生行为表征向可视化转变，让经验主义的决策向数据化、可靠性决策转变。同时，高校应完善智能分析与预警系统的及时推送功能，将分析结果和预警信息第一时间推送至家长、师长、同学等与学生个人成长相关联的德育工作队伍，实现学生个人成长过程的动态监控与干预，真正让每一名学生的成长都有陪伴和关心，保障学生健康、积极地成长和发展。

### 2. 数字化模型彰显德育智库的科学力量

"互联网+"时代高等学校德育实践创新的核心思路就是运用互联网信息技术，对学生的成长和发展状态进行准确的把握，利用云计算、大数据的记忆存储和智能分析的功能，将高等学校德育实践过程数字化、标准化，减少德育工作者的负担和压力，提升德育实践工作的精细化和准确性，高等学校德育实践活动的规律性与互联网信息技术的智能化相结合，使德育实践工作的智库建设成为可能。

高校应大力构建一系列的德育实践数字化模型，这种德育实践过程中的管理模型和决策模型的构建，实际上是建立一种科学化、标准化的操作流程预设。数字化模型的构建是针对学生可能存在的经济困难、学业困难、心理困难、校园安全等常见的问题，从学生成长的数据库中提取相对应的行为信息，综合分析后对学生状态进行如实的反映，并提供相应的干预和解决方案。如此一来，德育工作者就能够在学生成长和发展的不同节点，针对学生群体或个体发展的某个方面，就如同选择套餐一般，运用构建的数字化模型对学生的状态进行准确把握，并依照数字化模型提供的干预及解决方案，完成对学生的德育实践活动。高等学校德育实践活动的规律性使这种数字化模型具有广泛的适用性和推广价值，成为高等学校德育实践活动中强大的智库，供德育工作者针对共性的问题和隐患在不同的学生个体中选择使用，辅助学生进行个性问题和困难的解决。

# 参考文献

[1] 唐博．大学生德育教育创新研究［M］．长春：吉林文史出版社有限责任公司，2021.

[2] 檀传宝．德育美学观［M］．北京：教育科学出版社，2021.

[3] 韩永红．思想政治教育研究文库现代德育对恶的认知及教育［M］．北京：光明日报出版社，2021.

[4] 何刚．大川书系走向新时代的全景德育［M］．成都：四川教育出版社，2021.

[5] 陶华山．立德树人知行合一的实践探究［M］．苏州：苏州大学出版社，2021.

[6] 苏洁．中国传统美德文化对道德教育的影响研究［M］．西安：陕西科学技术出版社，2021.

[7] 王静．全球治理人才培养背景下的思政教育体系建设［M］．北京：中国商务出版社，2021.

[8] 苏洁．中国传统美德文化对道德教育的影响研究［M］．西安：陕西科学技术出版社，2021.

[9] 王晶梅．智慧德育论［M］．北京：知识产权出版社，2020.

[10] 孙峰，龙宝新．德育原理［M］．西安：陕西师范大学出版总社，2020.

[11] 彭宗祥．新时代高校工程德育理论与实践：学校德育的新范式［M］．上海：上海财经大学出版社，2020.

[12] 周鸿辉，李雪维，李萍．以德见智：学校德育实践与评价模式创新［M］．宁波：宁波出版社，2020.

[13] 张卫中，熊群荣．学科德育的探索与创新［M］．北京：中国文联出版社，2020.

[14] 刘丽丽．当代大学生志愿服务培育精神研究［M］．郑州：黄河水利出版社，2020.

[15] 任广明，王凤霞，罗苑玲．让德育之花充分绽放［M］．长春：吉林人民出版社，2020.

[16] 邓云晓，陆志荣．传统文化视阈下大学生思想政治教育创新研究［M］．成都：西南交通大学出版社，2020.

[17] 杨万勇．学校教育中的大数据应用［M］．宁波：宁波出版社，2020.

[18] 吴爱萍．高等教育的发展与管理实践［M］．长春：吉林出版集团股份有限公司，2020.

[19] 齐爱花．当代大学生道德素质教育理论与实践研究［M］．北京：冶金工业出版社，2020.

[20] 刘畅．德育视域下的大学生创新素质培养研究［M］．成都：电子科技大学出版社，2019.

[21] 张凤池，胡守钧．道德教育的方法与实践［M］．上海：上海社会科学院出版社，2019.

[22] 孙军，张凤，张敏．现代德育建设与就业规划［M］．沈阳：辽海出版社，2019.

[23] 眭依凡．大学理想主义及其实践研究［M］．北京：北京师范大学出版社，2019.

[24] 胡杨，徐建军．高校校园网络舆论环境优化论［M］．北京：人民出版社，2019.

[25] 白翠红．高校德育思维方式发展研究［M］．广州：中山大学出版社，2018.

[26] 彭文君．当代大学生诚信建设研究［M］．上海：上海交通大学出版社，2018.

[27] 江新华．学术道德的本质、失范与教育［M］．武汉：华中科技大学出版社，2018.

[28] 史耀忠．职业素养教育的探索与实践［M］．北京：北京理工大学出版社，2018.

[29] 刘丽波．新时期高校德育教育创新发展研究［M］．石家庄：河北人民出版社，2018.

[30] 李岗，陶礼华．学科融合德育的研究与实践［M］．上海：上海社会科学院出版社，2018.

[31] 蔡元培．中国人道德修养读本［M］．南昌：江西教育出版社，2018.